MONSTER ORGANIZATION

モンスター組織

停滞・混沌・沈没…
8つの復活ストーリー

株式会社リブ・コンサルティング●著
株式会社リブ・コンサルティング
常務取締役 兼 CHRO 権田 和士●監修

実業之日本社

モンスター組織

停滞・混沌・沈没…8つの復活ストーリー

序章

２０１９年3月5日、リンクアンドモチベーション社が主催する「ベストモチベーションカンパニーアワード（組織改善ツール「モチベーションクラウド」による組織スコア上位企業の表彰）」の表彰式において、弊社代表の関が登壇している頃、私たちはほっと胸を撫《な》で下ろしていた。今年のＧＰＴＷ社「働きがいのある会社ランキング」でもベストカンパニーに選出され、ｏｐｅｎｗｏｒｋのスコアでも業界トップ水準を維持している。年初の全社会議では、ディレクターとマネージャー合わせた昇格者が、「９人」という今までの水準では考えられないほどの人数が発表され、大いに盛り上がった。新卒採用は今まで5名前後にとどまっていたが、20年卒の新卒採用は例年水準の３倍となる15人の入社が予定されている。

まだ道半ばとはいえ、この2年間の組織変革の道のりにたしかな手ごたえを感じていた。

今からちょうど2年前、リブ・コンサルティングは組織崩壊前夜にあった。当時の人事部長の口から退職の一言が出てきたとき、代表の関と私は天を仰いだ。「まさか半年で辞めるとは……」その人事部長は、様々な企業で人事部長を歴任してきた人事のスペシャリストで、半年前に三顧《さんこ》の礼《れい》で迎え入れた矢先のことだった。

創業から5年、中堅・中小・ベンチャー企業向けのコンサルティングが時代のニーズとマッチし、会社は急成長の一途を辿《たど》り、社員数は一気に100名まで膨れ上がった。このころから少しずつ変調を感じながらも、普段からクライアントに話している「100名の壁」という現実を受け入れることはできなかった。

創業当時から、組織成長への備えは行っていたはずだった。創業時から明確なミッションやビジョンを掲げ、1期目から新卒採用を行い、2期目からはミッション・ビジョン・バリューのプロジェクトを推進していた。

100名の壁はたしかにそこにあったのだが、社員が辞めても、「彼は元々うちの会社とはフィットしていなかったから」と認めることをせず、採用に苦戦しても「コンサル業界はどこも人手不足だから」と、どこか上の空だった。

しかし、嫌でも自覚をせざるを得なくなる出来事が次々と舞い込んでくる。幹部の離職、新卒社員の伸び悩み、OJT教育の形骸化。ベンチャー企業の中では圧倒的に組織領域に力を入れてきた会社と自負していたにもかかわらず、離職率は28パーセントと異常値をたたき出した。

創業当初から大切にしてきた新卒採用の是非が真剣に議論されるようになり、創業から新卒採用の責任者を担ってきた中核メンバーからも退職の相談をされる。２０１６年10月の役員会で、翌年のマネージャー候補を当時の役員陣でホワイトボードに書き出そうとしたが、一人、二人と書いたところでペンが止まり、沈黙が流れた。

「何とかしないと会社がまわらない……」徐々に募る焦燥感に出した答えが、「人事のプロフェッショナル」に入社してもらおうということだった。控え目に言っても「個性的」である自社の人事組織を、外部の力を借りながら一気に変えようとしたのだが、半年で暗礁に乗り上げることになる。

「自分たちの力で何とかするしかない……」担当役員としてバトンを引き受けたのは私だった。火中の栗を拾う形ではあったが、逆にこれ以上悪くなることはないだろうと高をくっていた。そして、「絶対にいい組織にする」という覚悟を決めた。

会社は非連続成長の最中にあり、事業戦略と組織戦略がハレーションを起こしていた。ひずみが随所に見られ、一つを動かすと、一つが崩れるという、バランスゲームの「ジェンガ」のような状態だった。本書のタイトル「モンスター組織」は、得体の知れない大きな存在の前に立ち尽くしていた、当時の私の心境を一言で表したものである。

人事部は刷新され、組織に対する危機意識の高いメンバーたちが配属された。新たな事業戦略に合わせて、それまでの人事組織戦略を全て見直していった。「待っていても組織が崩れるのなら、むしろ意志を持って変化をさせよう」ということで、一気に組織変革に舵を切ることとなる。

組織に甘えや馴れ合いが生まれ、言い訳や愚痴が増えていた組織風土の中で、「勝つためのプロフェッショナル集団」という組織コンセプトを掲げ、挑戦心や主体者意識を促すような仕組みを構築していった。採用制度、評価制度、教育制度といった目に見える改革を一気に推進していき、新しい組織の骨格ができあがっていった。

ここまで読まれて、本書はリブ・コンサルティングのサクセスストーリーがつらつらと書かれたものと思われたかもしれないが、自慢話がしたいわけでも自社PRをしたいわけでもまったくない。自社の組織変革の過程で気づいた三つのことが本書執筆の理由である。

一つ目は、「犯人捜しは不毛である」ということ。組織が悪くなってくると、その要因を様々なところに向けたがる。その矢印は往々にして、特定の「人」や「グループ」に対するものである。例えば、部下たちはマネージャーたちの指導力のなさや人望のなさを嘆き、マネージャーたちは部下たちの意識や能力の低さを問題視する。開発部門は営業部門の「御用聞き営業」

に苛立《いらだ》ちを覚え、営業部門は開発部門の「融通のなさ」に呆《あき》れ返る。うまくいかない理由を誰かに押し付けて、まるで鬼の首を取ったようにその対象を批判する。これが助長されていくと、組織はどんどん悪くなる。

私も当初、社内の批評家たちから様々な人間模様を聞かせてもらった。そのドラマは実に精巧で心を動かすものだった。が、それでも私の出した結論は「誰も悪くない」である。組織変革の大前提は、「誰も悪くない」であり、組織課題に戦犯はいないのである。

組織課題の原因は「人」や「集団」ではなく、その組織メカニズムによる認知のひずみである。見方を変えると、被害者だと思っていた人が実は加害者だったり、加害者だと思っていた人が実は被害者だったりする。実際は社内に敵はいないのだが、意識の中で「組織」とう名のモンスターは勝手に自己増殖されていく。モンスター化した組織を正常化する唯一の方法は、組織のメカニズムを正していくことである。

二つ目は、「制度（ハード）で会社は変わらない」ということ。組織のメカニズムは、組織制度だけでなく組織心理（ソフト）に根差したものであるということ。制度やツールは具体的で分かりやすい一方、組織心理は組織における安全性や信頼性といった目に見えづらいものである。従って組織変革はとかくハード面が強調されてしまうが、実際はその表面的な制度の下に根を張っている社員の心理状況の方が重要である。例えば評価制度をよくしようと変えたとしても、組織の信頼関係ができていなければ「これは賃下げではないか」「ローパフォーマーを排除しようとしているのではないか」とむしろ悪循環になる。

自社のストーリーに戻るが、この2年間で人事諸制度を変えていったが、今振り返ってみても制度によって本質的に変わった部分はそれほど多くない。変わっていったのは組織心理（ソフト）である。はじめに、組織変革を経営の重点方針に掲げ、リソースを割くことをコミットし、表明した。組織が変わっていくことの期待は、徐々に変わっている実感に変わり、やがて自ら変えていく喜びへとつながっていった。事実、人事部が組織変革チームとして走ったのははじめの半年間だけで、そこからはどんどん組織変革の主体者が増えていった。

人事部に閉ざされていた人事組織戦略がオープンにされることで、不満を飲み込んでいた新卒社員が、日和見主義だったベテランが、チーム最適に走っていたマネージャーが、組織発展に向けた当事者になっていった。元々、人事部の採用責任者と人事スタッフの2名だけで回していた新卒採用活動は、今や内定者を含め30人くらいが関わる一大イベントになっている。組織は自浄作用を取り戻し、組織のメカニズムは健全に回り出した。

三つ目は、「組織変革に万能薬はない」ということ。世の中には組織にまつわる様々なハウツーが溢れている。シリコンバレーの先進企業が新制度を導入すれば、すぐに「○○社が活用している人事制度」というようなバズワードが飛び交い、一時的な流行が形成される。しばらくは盲目的に追従していった結果、3年後にはまるで何事もなかったかのようにまったく異なるトレンドに歩調を合わせるようなことが起きている。

フレームワークや成功事例は、もちろん理解を深め、整理をする上で有効である。が、組織の課題は静的なものでなく、動的なダイナミズムの中で生じている。従って、静的なフレームワークや固有の成功事例をそのままあてはめても組織は変えられない。万能薬がない以上、千差万別に移り変わるコンテクストの中で最も効果的だと思われる処方箋を投与するしかない。

実際リブ・コンサルティングの組織変革において、他社の成功事例やフレームワークをそのまま導入することはなかった。様々な視点から自社の課題発見~解決をしたいと思ったので、外部のコンサルタントにも積極的に参画してもらったが、自社固有のコンテクストにこだわった。「自分たちは何者で、どこに向かおうとしているのか」「その目的地のために何を大切にすべきで、何を変えるべきなのか」を徹底的に考えていった。だからこそ、この2年間の組織変革にはオリジナリティがあり、多くの社員にとって自分事化しやすいストーリーになり得たのだと振り返る。

これら三点を踏まえた際に、私たちはいかにしてクライアントや社会にこの学びを還元すべきなのかを考えた。すなわち、「犯人捜しをせずに」「制度による解決偏重にならずに」「組織変革の万能薬に頼らない」やり方で、組織を良くする方法を広く知らしめる方法論はないだろうかというのが、本書執筆の出発点だった。

これは実に難しい問いであり、書店やＡｍａｚｏｎに溢れる組織のハウツー本と逆行するものであった。

私たちは、極めてオーソドックスな結論を出した。すなわち組織変革の成功率は、「症例数に比例する」である。万能な処方箋があるのなら症例数が少なくとも名医になれるのかもしれない。が、万能薬がないという前提に立つのなら、病状の特定こそが重要である。組織メカニズムが組織心理に根差し、組織の環境変化や対立構造も巻き込んだ高度なコンテクスト把握が必要なのであれば、なおさら症例数が名医になる上での条件になると考えた。

症例数を増やすためには、実際に組織に関する体験を積むことが一番である。そうはいっても、日本企業の組織変革に直面する機会は職業人生においてもなかなか起きることではない。本書執筆の帰結点は、「組織変革の疑似体験を増やす」ということである。

本書では、モンスター組織化してしまった8社のリアルケースを通じて、日本企業が陥りがちな組織課題について疑似体験をできるようにまとめている。前半の4ケースは成長企業、後半4ケースは成熟企業が経験する組織変革の落とし穴について、具体的に紹介している。よりリアリティを感じてもらえるように、『モンスター組織 停滞・混沌・沈殿…8つの復活ストーリー』と題し、それぞれの企業を支援したコンサルタントたちが、様々な対立構造や組織に次々と降りかかってくる事象をそのまま残し、変革前の組織状況と対策アクション後の組織状況を鮮明に描いた。

実体験さながらにコンテクストを捉えた上で病状を特定し、処方箋を考え、変革のストーリーを追体験してもらうことが、次の組織変革の名医たちを増やすことだと信じ、本書を上梓《じょうし》することにした。

それでは早速、読者の皆様を「モンスター組織」にご案内することにしよう。

モンスター組織 **目次**

モンスター組織

CASE 01

ビジョナリーかつ成長優先の経営者により、フリーライダーが増殖した組織の変革——33

～知名度先行企業が陥る内外イメージのギャップを「人財要件の再定義」と「採用・育成戦略の見直し」で解消する～

モンスター組織

CASE 02

モンスター組織

CASE 03

モンスター組織

CASE 04

モンスター組織

CASE 05

二代目MBAホルダー社長が施した急激な戦略転換が生み出す組織のひずみ解消

～パイロットチームの組成による小さな成功事例創出からの全社展開で新たな戦略を浸透させる～

モンスター組織

CASE 06

「新」「旧」の主力事業部間にできた相互不理解による組織の壁を壊す――179

~「中堅メンバーの部門間異動」や「共同プロジェクトの立ち上げ」で組織の一体感を醸成~

モンスター組織

CASE 07

熟練技術者を活かせず誤った「機能体組織」の導入で窮地に陥った組織の立て直し

モンスター組織

CASE 08

■ケース紹介【成長企業編】

CASE 01

フリーライダー増殖組織

ビジョナリーかつ成長優先の経営者により、フリーライダーが増殖した組織の変革

事業内容

・通信教育（エドテック）事業

起きている組織上の問題（症状）

・創業社長と経営幹部の課題意識の溝によるスピード感の停滞

・外部が捉えるイメージと内部の実態とのギャップによるフリーライダーの増殖

対策の方向性（処方箋）

・経営幹部合宿の実施による社長と経営幹部の時間軸の目線合わせ

・人事部門の組織化と、採用戦略・人財育成方針の明確化

<本編は33ページ～>

CASE 02

低体温デジタル組織

業務過多とデジタル偏重コミュニケーションで低体温化した組織の変革

事業内容

・WEBメディア事業

起きている組織上の問題（症状）

・開発部門メンバーのキャパオーバーによる仕事の品質の悪化

・営業と開発との間のコミュニケーションギャップによる責任のなすりつけ合い

対策の方向性（処方箋）

・オフィス改革と働き方改革による生産性の向上

・コミュニケーションルールの明確化

・「ディレクター制」導入による新たなプロジェクト体制の構築

<本編は63ページ～>

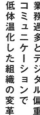

CASE 03

大量採用・大量退職組織

人財育成は「他人事」、大量採用・大量離職が当たり前の組織からの脱却

事業内容

・欧州家具・インテリア雑貨の製造・卸・小売事業

起きている組織上の問題（症状）

・「事業成長優先・業績第一」による若手メンバーのモチベーション低下、離職増

・社長、経営幹部の組織開発に対する「他人事」意識による人財育成の遅れ

対策の方向性（処方箋）

・事業拡大計画から逆算した人的リソースの獲得、育成計画の明確化

・人財育成を担うリーダーの選出と評価への反映

＜本編は91ページ～＞

CASE 04

ワンマン社長の独り相撲組織

責任と権限の不一致により事業成長を阻むトップダウン型組織の変革

事業内容

・プラットフォームサービス事業

起きている組織上の問題（症状）

・社長と事業部長との間の時間軸、スピード感のズレによる権限委譲の停留

・内部人財と外部から合流したCXOとの間の対立

対策の方向性（処方箋）

・経営会議の刷新（メンバーおよび運営ルールの見直し）

・トップレビュー制度の導入

・「タレントサポートプログラム」による内部人財の引き上げ

＜本編は123ページ～＞

■ケース紹介【成熟企業編】

CASE 05

MBA新社長の戦略独走組織

二代目MBAホルダー社長が施した急激な戦略転換が生み出す組織のひずみ解消

事業内容

・オフィス用品のレンタル・販売事業

起きている組織上の問題（症状）

・営業部門の将来への危機感欠如による現状維持体質の蔓延

・新戦略の成功事例不在による変革の恐れと遅れ

対策の方向性（処方箋）

・新戦略を検証する専属パイロットチームの組成

・パイロットチームによる成果創出

・新たな営業手法の標準化と全社展開

＜本編は151ページ～＞

CASE 06

肥大化する事業部制組織

「新」「旧」の主力事業部間にできた相互不理解による組織の壁を壊す

事業内容

・加工食品・総菜の製造販売事業

起きている組織上の問題（症状）

・事業部長の「部門最適化」の行き過ぎによる「会社の未来」への意識の欠如

・人的交流不足による相互不理解状態とシナジー不足

対策の方向性（処方箋）

・「会社の未来」のための共同プロジェクトの発足

・人的交流（ジョブローテーション）による相互理解とシナジーの促進

＜本編は179ページ～＞

CASE 07

ロスト・アイデンティティ組織

熟練技術者を活かせず誤った「機能体組織」の導入で窮地に陥った組織の立て直し

事業内容

・高級時計の製造・販売事業

起きている組織上の問題（症状）

・経営方針、戦略が不明確な中での組織変革による組織の混乱
・自社の強みを見失い誤った組織形態の選択による中核社員の退職

対策の方向性（処方箋）

・コアコンピタンスの明確化と適切な組織形態の選択
・マーケティングチームの組織化によるマーケティング戦略の立案と実践

＜本編は209ページ～＞

CASE 08

業績第一パワハラ組織

「業績目標達成第一」の営業部長が苦悩する「脱パワハラ組織」への変革

事業内容

・キッチン用品・簡易家電の製造・販売事業

起きている組織上の問題（症状）

・業績成果のみを追いかける「気合いと根性」型マネジメントによる若手営業社員の不活性化と離職増

対策の方向性（処方箋）

・「5つの成果」の視点の導入
・「結果指標管理」から「プロセス指標管理」への転換
・営業手法の標準化と若手人財へのトレーニング強化
・評価制度の見直し

＜本編は237ページ～＞

■各ケースの読み方

各ケースには、成長企業や成熟企業にありがちな組織病に陥った模擬的な企業と、その中で組織変革に取り組む人物たちが登場する。

そして組織人事のソフト面の課題について、リアリティを持って追体験すべく、各人物が様々な考えを持ち、葛藤しながら組織を変えていくストーリーとして描かれている。

ケースにおける重要なポイントは、この人物たちがどのようなバックグラウンドを持ち、どのような考えで行動をしているのかという点である。そして、主要な人物間で起こっている対立構造にも着目してもらいたい。製造vs営業、新規事業vs既存事業など、戦略実行に際して人物間の対立が障害となり、前に進めない企業ばかりである。この状態からいかにして脱却し組織変革を実現するのか。もし自身が登場人物の立場だったらどうするか？　という視点を持ちながら、読み進めていただくことをお勧めする。

■各ケースの構成

Ⅰ　登場人物の紹介	対立構造を引き起こしている主要登場人物がどのようなバックグラウンドを有しているかを紹介
Ⅱ　イントロダクション	変革前の組織の状態について、起きている対立や変革を阻むハードルの存在をストーリーとして紹介
Ⅲ　課題と対策の解説	組織を変革させる上で何が課題となるか、またその課題に対してどのようなアプローチが有効かを、図表を交えながら解説
Ⅳ　変革への取り組み	主要人物たちがどのようにハードルを乗り越え変革を成し遂げるのか、取り組んだ施策と主要人物の意識の変化をストーリーにて紹介
Ⅴ　終わりに	本ケースから学び取るべきポイントを整理して解説

モンスター組織

CASE 01

フリーライダー増殖組織

ビジョナリーかつ成長優先の経営者により、フリーライダーが増殖した組織の変革

〜知名度先行企業が陥る内外イメージのギャップを
「人財要件の再定義」と
「採用・育成戦略の見直し」で解消する〜

登場人物

①創業社長：加藤 修（31歳）

・大学時代はテニスサークルの幹事長で、1年間アメリカに留学経験あり
・話上手のアイディアマンで、人の気持ちを盛り上げるのが上手い
・サービス開発、ブランディング、資金調達は得意だが、組織づくりはどうも苦手
・マイクロマネジメントはやりたくないので、基本的に現場任せ
・「見えた。あとは任せた」が口癖
・事業拡大のためにとにかく人を増やす必要があると考えている
・離職率や組織風土の問題を指摘されるも、あまり深刻に受け止めていない（いくらでも代わりの人財はいるだろうと考えている）
・リスク志向性が高く、常に投資先行で事業を行っている
・上場して資産を築き、個人投資家になることが当面の目標

②事業部長：澤畑 敦志（33歳）

・東大出身で前職は戦略コンサルファームでＩＴ業界の支援をしていた
・成長著しい会社の中核を担えることに魅力を感じ、
事業経験を積むために、前職から大幅に年収を落として入社
・現実主義者で着実に計画に落とし込んで実行していくタイプ
・事業の仮説検証をすることが事業部長としての楽しみ
・一方で組織は一人ひとりのやる気と主体性が大事という価値観で、社員との関係性もよく、社内事情に精通している

③20代～40代のフリーライダー社員（複数）

・何となく好条件に惹かれ入社したものの、やる気のないエンジニア社員（20代男性）
・パフォーマンスが低い割に、福利厚生など諸制度の恩恵だけ上手く利用しようと考えている（それによって周りに疎まれている）事務社員（30代女性）
・経験者採用で入社し、自分だけが専門性があることをよいことに、周りの意見、要望を一切聞かず、マイペースで仕事をし続ける経理社員（40代男性）
・営業成績が低く、厳しく詰め寄ろうとすると、やれパワハラだ、理念と違うと騒ぎ立て、成果が上がらないのは組織のせいだと矢印を向ける営業社員（20代女性）

■イントロダクション■

幼児向けの通信教育事業（エドテック）で年々市場からの認知を高めてきた加藤エデュケーショナル。社員数は120名を超え売上も15億まで到達、創業8年目としては順調過ぎるくらいの成長を遂げていた。特に教育×テクノロジーの事業分野は昨今の教育ブームを受け注目を集めており、同社も「教育をテクノロジーの力で変える」とのスローガンの下、資金調達も順調、投資家からの期待も一身に集め、上場を目指す。まさに飛ぶ鳥を落とす勢いを見せつけていた。少なくとも外部からはそう認知されていた。

ところが内情はそれほど穏やかではなかった。注目度が高いだけに参入プレーヤーも多く、危機感を持ち始めていた経営者は投資先行で物事を進めていた。手狭になったオフィスは渋谷の成長ベンチャーが集まる一等立地へ。この機会を間違いなく捉えるべく人財採用にも積極的に費用を投じ、結果、固定費が上昇し、損益ラインへ到達するには相当ストレッチした高い売上目標を達成できなければ到底不可能なレベルに陥っていた。それでも投資家向けに説明している野心的な事業計画を下方修正するわけにはいかない。ここに無理が生じていた。実際、投資家向けに提示している事業計画からは1年ほど進捗が遅れていた。

足元も盤石ではない。社員は同社の成長可能性とトップの求心力に惹《ひ》かれて入社するものの、早期に退職してしまう。直近1年でも40名が入社したが30名が辞めている状況であった。知名度やストックオプション制度に期待を抱いて優秀な社員が集まっていた一方で、入社後に実態との乖離《かいり》を感じて幻滅して退職をするのが一つのパターンになってしまっていた。結果として、優秀な人ばかりに仕事の負荷が大きくのしかかり、そうした人が抜けていき、パフォーマンスの低い社員が逆に残ってしまう状況に。

フラットな組織が特徴で風通しはよいが、きちんとマネジメントできるマネージャーがおらず、ぬるい組織風土が蔓延《まんえん》していた。

変革前の加藤エデュケーショナル

創業社長の苛立《いらだ》ち

創業社長である加藤は苛立ちを感じていた。経済メディアや雑誌からインタビューの依頼も増えてきている。そこで会社の取り組みや将来の可能性について話していると、益々自分としても事業に対する確信が芽生えてくる。

にもかかわらず事業計画の未達成が続いている。皆から絶対にやり切ろうとする熱意を感じることができない。業績の面においても組織の面においてもどこか積み上がっていく実感がない。

「教育×テクノロジーの分野がますます盛り上がっていくのは間違いない。市場参入タイミングも悪くない。投資家の反応も上々。経営者である私の一番大事なことは、この事業の可能性をちゃんとビジョンに落とし込んで伝えていくことのはず。

それは毎日やっているにもかかわらず、幹部社員や現場の末端のスピードは一向に上がってこない。特に各部門に落とし込んでいくべき立場の経営企画、そして、各部門ライン長はもっとしっかりと考えないと……。私が言っていることに懐疑的なのだろうか、何でもかんでも初動が遅いように感じる。もっと檄《げき》を飛ばし続けないと……」

先程、澤畑部長から社員の退職の話を聞いた。今月で三人目だ。将来的に会社を支えてくれる見込みの社員か否かでいえば問題はない。ただ将来の組織図を考えると、採用するもののほぼ同じペースで離退職もあるため、思うように社員が増えていかない。とにかく今は事業拡大のチャンスなのだから、雇用条件を良くしてでもいいからとにかく人を採用しないといけないし、せっかく採ったのであれば定着してもらわないと困る。

非現実的な社長と「フリーライダー」社員の板ばさみ

「これまた大きなことを言っちゃって……ちょっとぶち上げ過ぎでは？　まだパートナー企業との調整も途上だというのに……」

事業部長である澤畑は加藤社長のインタビュー記事を閉じて、ため息交じりの言葉をつぶやいた。

澤畑は、学生時代に家庭教師や塾講師のアルバイトをする中で、日本の教育について問題意識を持つようになった。新卒で入社したコンサルティングファームで経営の知見を吸収しながらも「いつかは教育業界へ」との夢を捨てきれず日々を過ごしていた。

そこで出会ったのが加藤社長だった。「この人となら、一緒に本当にやりたかったことを追求できるかも……」。加藤社長の熱いビジョンに共鳴し鳴り物入りで同社メイン事業の責任者として入社したのが半年前。ところが、入社してすぐに目の当たりにしたのは、それ以前に社長から聞いていた実態と大きくかけ離れた現場だった。もちろん業界の成長可能性は大きい。事業プランも悪くない。ただあまりにも基盤となる経営リソースが不足している中、いつしか社長が顧客や社員の前で語っている夢が実態の伴っていないホラのように聞こえてしまう自分がいる。

将来計画が楽観的過ぎて、売上目標の設定がやたら高い。事業運営については丸ぶりで、事業部長ク

ラスが兼務で何とかまわしている状況である。

本来は事業構造のブラッシュアップと売上目標の達成に集中したいところだが、実際は日々、社員たちの動機付けや不満解消のためのコミュニケーションで時間が過ぎ去ってしまうのが現実だ。


山本（20代・男性エンジニア）は入社して2年経ち、その入社歴からすると中核となるべき存在だが、未だに仕事は受け身。何となく好条件とトップの魅力に惹かれて入社しているものの本質的には成長意欲がそこまで高くない。エンジニア職として、どんどん後から入社してくる後輩たちのリーダーとしての活躍を期待していたのだが、新メンバーも業務上の疑問点は直接私（澤畑部長）に言ってくる始末。いつまで経っても私の負担が減らない状況である。

高梨（20代・女性営業）は入社して1年経つが、営業成績が振るわない。にもかかわらず本人も危機意識は高くないようだ。一度厳しく詰め寄ろうとしたこともあったが、会社の商品・サービスに対する課題指摘をするばかりで、自分の能力を磨いて売上貢献しようとする方向性にエネルギーが向かわない。まるで「成果が上がらないのは組織のせいだ」とでも言っているようだ。なぜ本人はそのことに気づかないのだろうか。まだまだベンチャー期の会社なのだから、商品・サービスに限らず100パーセント完璧な状態であるわけはないのだが。

このような社員たちが大多数なので、本当の意味でやる気があって優秀な社員は、トーンが合わずに早期に辞めてしまっているのが当社の実態だ。

現場マネージャーから社員（特に優秀人財）が定着しないことや、人手不足の悩みをよく聞いている社長からは「雇用条件を良くしてもよいからとにかく人を採用しろ」と言われた。

ただそれが結果としてパフォーマンスの低い、フリーライダーのような社員がはびこる原因になっていることに気づいてもらわねば……。

解決すべき課題と対策の方向性

◆対立構造の整理

壮大なビジョンを広げて人を惹きつけるが、足元の土台が伴っていない創業者。入社したもののモチベーションの上がらない社員たち。その中間で苦しむ経営幹部……。総じて急成長ベンチャーには起こりがち、あるいは、ビジョナリーで人を惹きつけるトップが率いる会社にはありがちな状況である。

理想を追い求め夢を魅せることは得意な社長が、社員からは「夢想家」「裸の王様」に見えてしまう。一方で社長は、事業責任者、実務担当者のスピード感や能力に不満を持っている。当の事業責任者、実務担当者からすれば、現実的で実現可能な施策を重視しているに過ぎない。

さらに、ブランド志向の社員ばかりが増え、自分のキャリアアップを優先しがちで、自己成長は求めるが献身意欲はそこまで高くない。いわゆるフリーライダーだ。そのため実務能力の高い社員に仕事が集中し、不満の種となっている。

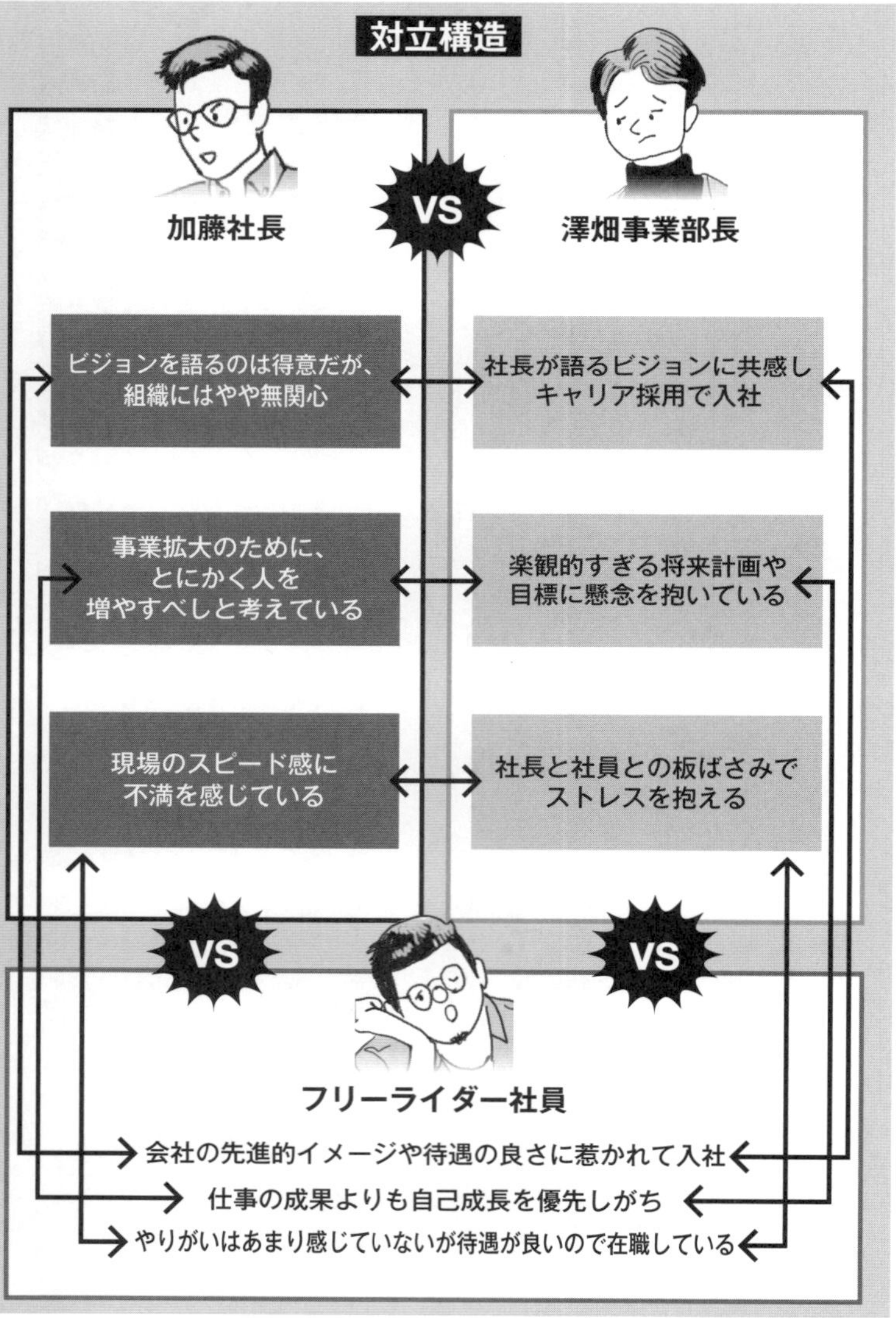
対立構造
加藤社長
VS
澤畑事業部長
ビジョンを語るのは得意だが、組織にはやや無関心
社長が語るビジョンに共感しキャリア採用で入社
事業拡大のために、とにかく人を増やすべしと考えている
楽観的すぎる将来計画や目標に懸念を抱いている
現場のスピード感に不満を感じている
社長と社員との板ばさみでストレスを抱える
VS
VS
フリーライダー社員
会社の先進的イメージや待遇の良さに惹かれて入社
仕事の成果よりも自己成長を優先しがち
やりがいはあまり感じていないが待遇が良いので在職している

◆社長と経営幹部が一体化した経営チームづくり

加藤エデュケーショナルの問題点の第一は、**創業社長と経営幹部の課題意識の溝**である。

加藤エデュケーショナルの場合、創業社長と、経営幹部がお互いに不満を抱いており、危機感や課題の優先順位に大きな溝が生じている。そのため、会社の今後を考えていく上でも、一枚岩となって進むことができていない。

従って、「創業社長と経営幹部の溝をいかにして埋めていくか」が課題となる。結局、社長がどのような青写真を描き、将来の計画を立てようと、それらを経営幹部と共有できていない間は、実現へと向けて動くことはできない。そもそも加藤エデュケーショナルでは、社長の考えが伝わる、あるいは現場を知る経営幹部の考えが社長に伝わる、というコミュニケーションにも欠けているため、溝が深まりやすい。

この溝を解消する糸口としては、社長と経営幹部全員で、会社の将来のプランおよびその実現方法を落とし込む合宿を行うのも一つだろう。

「**ライフウェイクシート**」を使ってお互いのバックボーンや価値観を共有し合うことで、信頼関係が醸成される。そうして互いを鼓舞し合う関係になるとともに、課題を遠慮なく指摘し合えるような経営チームになることを目指す。

また大事なのは、社長と経営幹部の時間軸の目線合わせをすることである。

○……うれしかった出来事・感動した出来事
×……悲しかった出来事・ショックだった出来事
★……人生の岐路・人生の中で大きな出来事

入社5年目〜6年目

×○恩師の退職（独立）とともにMGに昇格。
→寂しさもあったが責任感も強まる。
○不器用だが素直な3年目の部下を預かる
（自身の経験と重ねて育成に力を注ぐ）
★次の年に部下が社内トップになる。
○1年半ぶりに恩師に会い独立の理由を聞く。
→今後の身の振り方を考えるようになる。

入社7年目

○役員から部下のMG昇格の話を聞く。
×自身の昇進までの期間の長さを聞く。
→自身の可能性を試す場を探すようになり様々な業種や業態を調べるようになる。
○さらなるチャレンジをする場として適切な業種が見つかったと感じている。

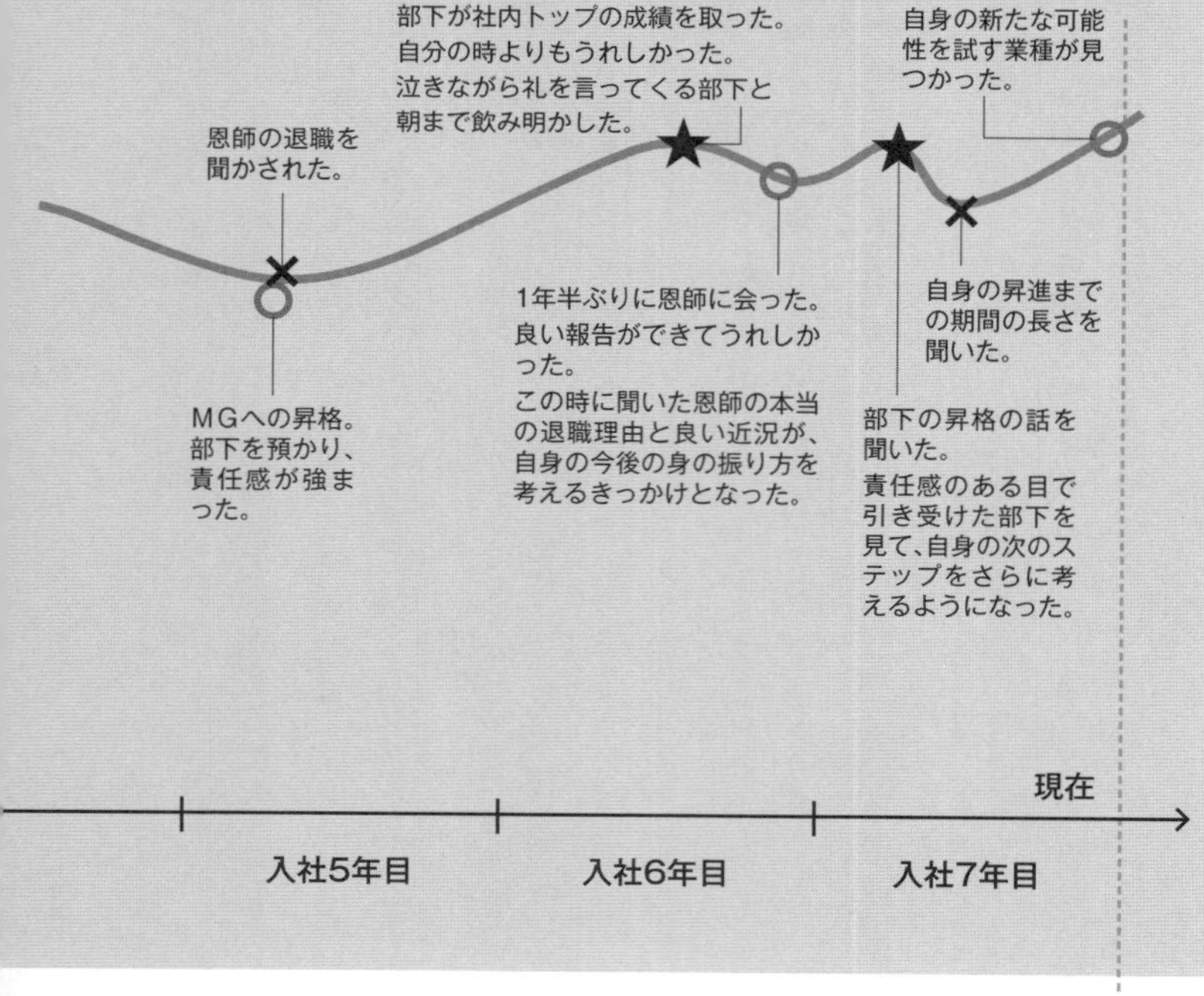

■ライフウェイクシート事例

氏名	鈴木一郎

のライフウェイク

入社1年目～2年目

○ 同期でトップになる。
× 天狗になりその後伸び悩む。
× ついには成績は最下位になる。
× それとともに勤務地が変わる。
× 祖母がこの年に亡くなる。

入社3年目～4年目

生涯の恩師に出会う。
★もう一度、初心に返り奮闘する。
→夜中まで上司を捕まえてアドバイスを求める。
○徐々に成績が上がり始める。
★4年目に、ついには社内トップになる。
○1か月間だけ2位になったが1年間トップ。

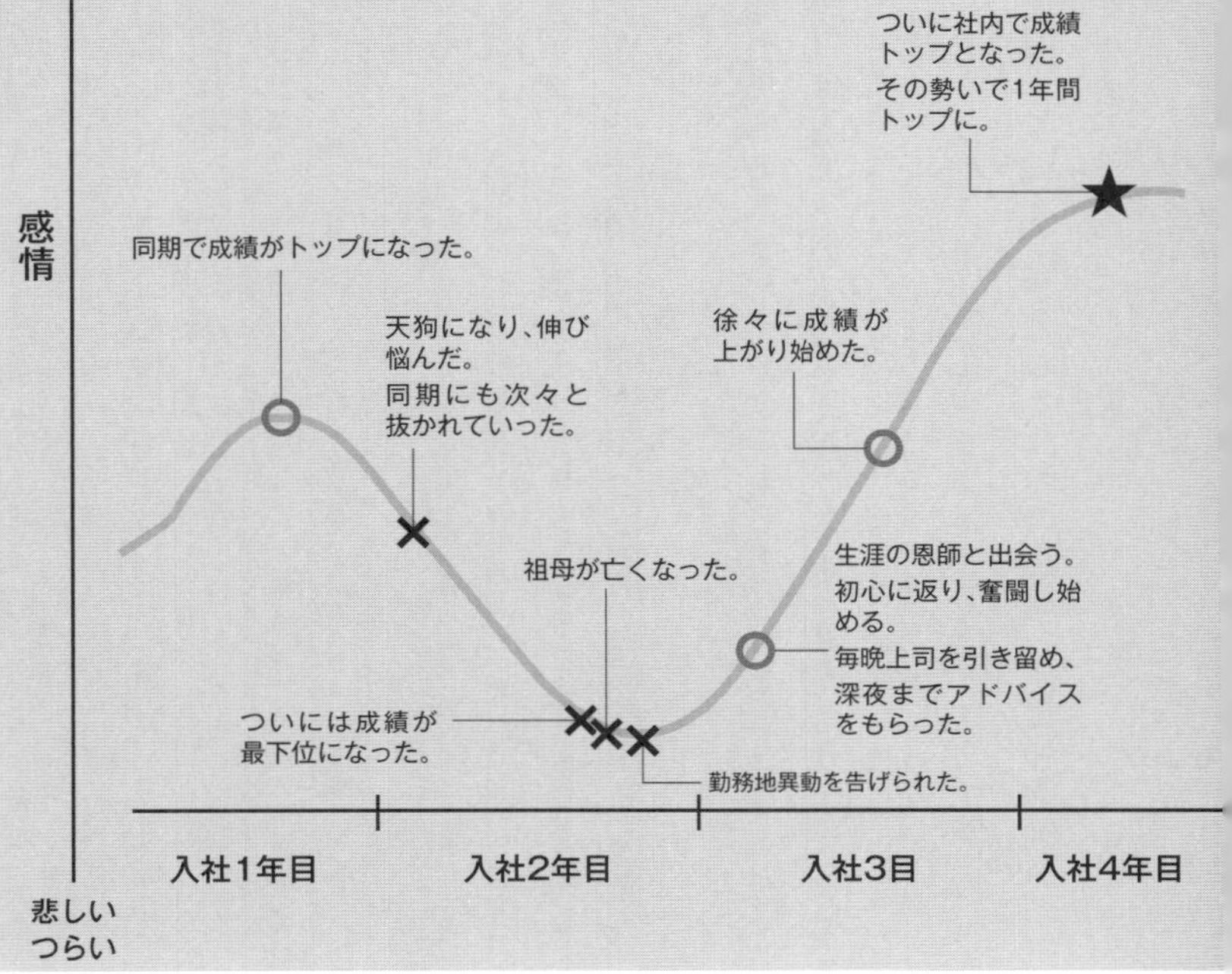

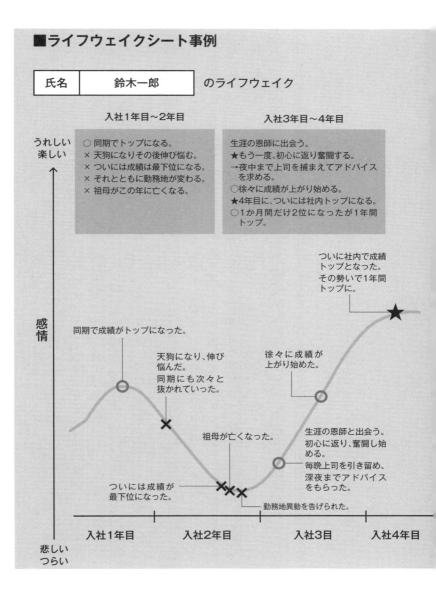

社長は3年先、5年先を見据えて情報をキャッチし外部内部に発信をしている一方で、事業部長クラスは目先の課題に目を向けている。当然、両者の目線が異なるため、コミュニケーションは食い違ってしまう。社長はしっかりと時間軸を現場目線に落として組織体制の構築および再編を図ることが求められる。それにより、これまで生じていた社内外のイメージと実態のギャップもまた解消されていくだろう。

◆人事機能の強化

第二の問題は、**外から捉えられているイメージと内部の実態とのギャップ**である。

創業社長が華々しく外部に発信するイメージが、急成長ベンチャーとしての印象を高めている一方で、それに惹かれて入社してくる社員は、イメージと現実の乖離を知り幻滅する。それが高い離職率の一因となっている。

その根本原因にあるのが、**採用戦略の欠如**である。イメージ先行で採用を行うと、人は集めやすいかもしれないが、入社後に期待値とのギャップを生じさせ、定着しづらくなる。どういうマインドやスキルを持った人財が、どのくらい必要なのか、またそうした人財をどのように採用し教育していくのか。そうした人事戦略を持ち合わせていないのが現状だ。

よって課題は、本当に必要とする人財を定義し、そうした人財の採用・定着化を図るための人事戦略の明確化である。そのために取り組むべきは、人事部を組織化し、採用方針を含めた人事制度全般の見直しを行うこと。ブランド志向の社員を見極め、事業コミットの高い社員を採用するようにすることだ。

起業フェーズから事業フェーズへの移行期には人事機能の強化を図り、組織づくりを行う必要があるが、加藤エデュケーショナルはそこが欠けている。そこで、事業目標や事業特性とのつながりを意識して、将来の組織図を描き、ポストに見合う採用計画の立案および実行、育成計画の立案および実行、そもそも必要とする人財要件の明確化に取り組む。

注意すべき点は、ビジョナリーで理想を語るタイプの社長は採用活動における「価値付け」は得意とするが、「見極め」は決して上手ではない。そのため、**評価するべき項目（例えば会社のバリューやコンピテンシー）**を、どう浸透させるかの腐心も大事だが、それ以上に**「それらを保有している人財の採用」を促すような採用基準のつくり込み**や見直しが重要となる。自社が求める人財要件を明確にした上で、採用時にはそれを満たす人財であるか否かを見極めるためのキラークエスチョン／オリジナルクエスチョンを入れるべきである。それらを「育成」や「評価」の項目にも反映していくことで人財戦略は徐々に明確になり確固たるものになっていくはずだ。

■優秀社員のコンピテンシー評価分析から「求める人財像」を明確化〈リブ・コンサルティング社の事例〉

活躍度と評価項目との相関（相関係数）

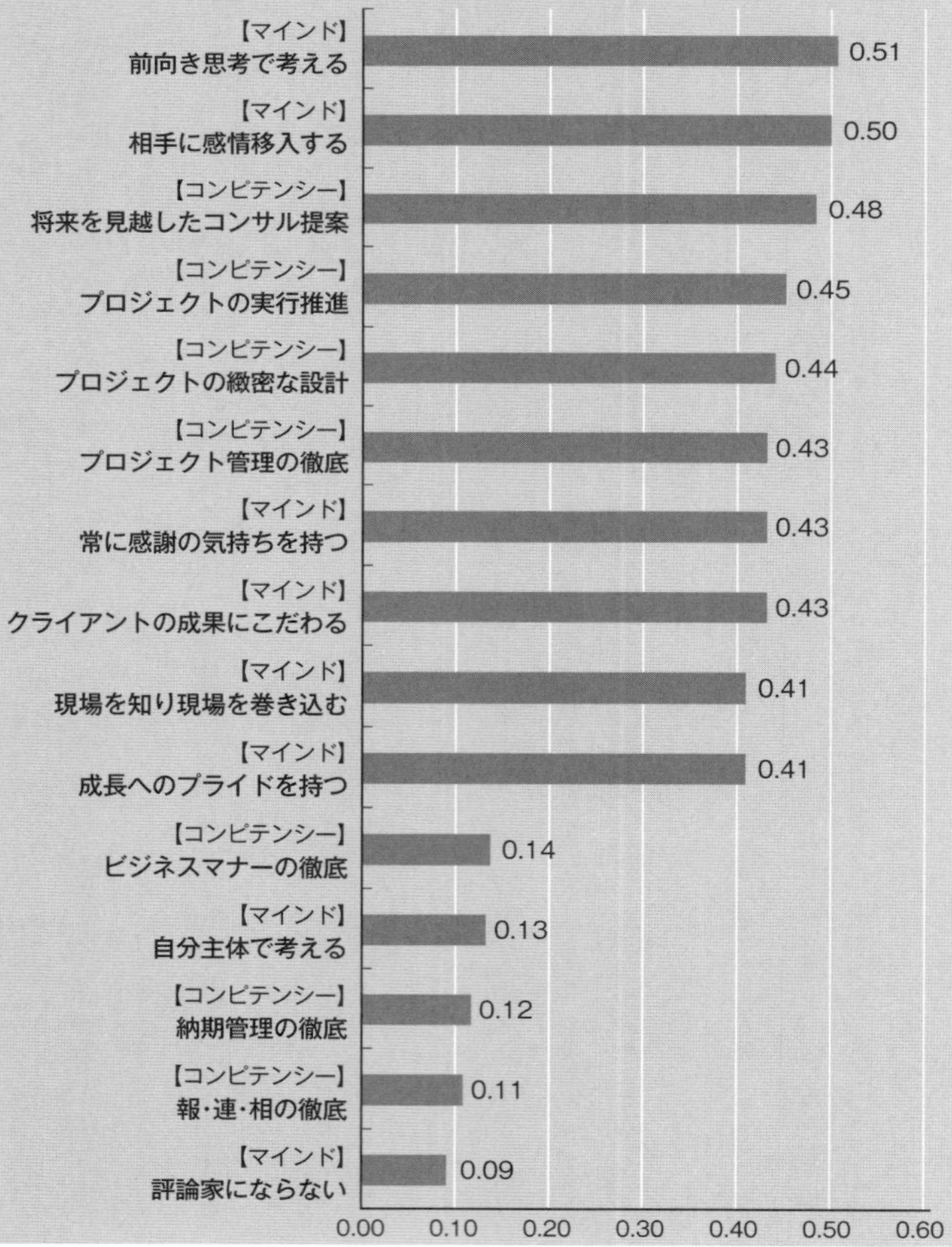

変革への取り組みフェーズ1：幹部合宿の実施

創業社長と経営幹部の間で蓄積する不満

「一体、どうしてこんなに辞めていってしまうんだ？　何とかならなかったのか？」

社長の加藤は、澤畑部長から今月に入って三人目の社員の退職の報告を受けた。

だが加藤の悩みを知らないかのように、澤畑は「どうにもなりませんね」とそっけなく答えを返してきた。澤畑は内心、「社長が採用時に、求職者を口説くためにあまりにも壮大な夢を語ることも退職の一因だ」と考えていた。末端社員の動機付けに奔走する日々に疲れ果てていたこともあり、そんな疲労や不満が口調に出るのを抑えられなかった。

その報告の口調の刺々《とげとげ》しさを、加藤は敏感に感じ取り、つい声を荒らげて言った。

「経営者として、私は自分がやるべきことに注力しているつもりです。私の一番大事なことはこの事業の可能性をちゃんとビジョンに落とし込んで伝えていくことであり、社内的にもそれをやっているし、対外的にも雑誌のインタビューやメディアリレーションを通じて日々取り組んでいます。幹部陣に期待したいのは、それを形にして落とし込んでいくこと。でもそのスピードは一向に上がっていないと思うんですよね」

「……分かりました。もっと頑張ります」

澤畑も、社長が日々奮闘していることはよく分かっているだけに、喉元まで出かかっているいくつもの言いたいことを押し殺して答えた。

そうして言いたいことを言えずに終わった報告は、微妙な雰囲気を残したままで済まされる結果となった。

幹部合宿実施を決断

「どうして伝わらないんだろう……」

社長の加藤は、澤畑部長に対し、今まで以上にダイレクトに不満と期待事項を伝えたつもりだ。だが、澤畑は「頑張ります」と言いつつ、納得がいっていない様子に見えた。一体なぜ食い違ってしまうのか。決して低くない目標に対して日々幹部陣が頑張ってくれていることは分かる一方で、やはり自分が言った通りスピード感は足りない。どうすればよいものか。

加藤は答えが見つからず、勝手ながらメンターとして尊敬している先輩経営者と会い、相談することにした。すると先輩は「やってみたら?」とさりげなくアドバイスしつつ、自社で実施している試みの話をしてくれた。それは定期的な幹部合宿だった。

「よし、うちでもやってみるか」

加藤は決意し、開いてみることにした。

幹部合宿実施に戸惑い

加藤は、合宿の前に、「ライフウェイクシート」を準備するように伝えた。ライフウェイクシートは、社会人生活だけではなく幼少時や学生時代の経験も含めて、「嬉しかったこと」「悲しかったこと」など、人生のモチベーションの上がり下がりを一本の線でつないだものだ。

「社長もどこで思いついたのやら……」

合宿の話を聞いたとき、澤畑は、また社長の壮大なビジョンをただ聞かされるのかと思い、正直面倒くさい気持ちが生じたし、ライフウェイクシートの準備を、と聞いて、時間を取られることに対し、なおさら憂鬱な気分にもなった。

だが、いざ取り組んでみると、意外に作業がスムーズに進むのに気づいた。

「就職活動時以来、こんなことは考えてこなかったが、いざ書き始めてみるとなかなか面白い」と思った。

迎えた合宿当日。まず合宿において実施したのは、経営幹部陣のライフウェイクを共有することだった。

「今いろいろと会社内部で生じている問題点について話をする方がよほど生産的だし、必要性が高いのでは？」と澤畑は思った。それは他の幹部も同様のようだったが、半信半疑のまま実施された。

ライフウェイクの共有で知った気づき

はじめに、澤畑部長が自身のライフウェイクを共有していくことになった。

「学生時代に家庭教師や塾講師のアルバイトをする中で、日本の教育について問題意識を持つようになったこと」「東大出身で前職は戦略コンサルファームでＩＴ業界の支援をしていたこと」「成長著しい会社の中核を担えることに魅力を感じ入社したこと」「事業経験を積むために、前職から大幅に年収を落として入社していること」などが共有されていく。

社長の加藤は、澤畑の話を聴きながら心がざわめいていた。学生時代の家庭教師・塾講師をする中で、澤畑部長が感じていた教育に対する問題意識は自分と一緒だ。特に「何だかんだ今の日本の教育においては経済格差があり、裕福な家庭とそうでない家庭との間で提供されている教育機会の格差があって、それを少しでも解消したい！」という熱い気持ちは大いに共感するところがあった。正直、澤畑のこの話は聴いたことがなかったから、自分の身近で働いていたメンバーが内なる情熱を持っていることに驚いた。と同時に普段、業務上の話をするばかりで「どんな気持ちで働いているのか」については、入社以来聴く機会がなかったことを後悔していた。

「なかなか日々走り続ける中で話をじっくり聴く機会なんて取ってこなかったが、もっと耳を傾けるような時間を取れていたら、先日のような妙な雰囲気になるようなこともなかったのかもな……」

次に、社長の加藤が自身のライフウェイクを共有していく。「大学時代はテニスサークルの幹事長だったこと」「しかしサークルメンバーと対立して、チームを上手くまとめきれなかった苦い失敗体験があったこと」「1年間アメリカに留学経験があり日本とアメリカの教育の違いについて問題意識を感じ、それが起業のきっかけにもつながったこと」「上場して資産を築き、個人投資家になることが当面の目標であること」

澤畑は社長の話を聴きながら、やはり驚いていた。威勢のいい話は今まで聴いてきたが、大学時代の苦労話は聴いたことがなかった。発想力に優れアイディアマンでもある社長は、サービス開発や資金調達など攻めの部分は非常に得意な一方で、組織づくりなど守りの部分については苦手意識があること。当時の失敗経験もあり、マイクロマネジメントに対する嫌悪感から基本現場任せになっていることなど、現在の社長がなぜ今のようなスタイルになっているのか、その理由がよく分かった気がした。

「自分は、経営者は何でもできる人でないといけないという思い込みから、できていないところがあると不平不満につなげてしまっていただけなのでは」と、澤畑にも後悔が生まれた。

また、改めて社長がこのビジネスにどういう想いを賭けているのか、「教育をテクノロジーの力で変える」というビジョンの鮮明なイメージが湧いてきた。

「そうだった、入社当時に社長のこの事業に賭ける想いを聞いて共鳴するところがあったんだった……」「会社がある程度の役割を任せてくれているからには、もっと自分の方から会社の目指している方向性やトップの本音について、聞きに行くべきだったのかもしれない……」

根源的な想いの共有で生まれた共通理解と気づき

社長や幹部の間で、根源的な想いの部分を深く共有できてからは話は早かった。元々この事業に対する使命感や達成したい実現イメージは豊富に持っている幹部陣だけに、互いのイメージをぶつけ合うことで様々な施策アイディアも飛び交った。議論は尽きなかった。**「想いは手法の上流にあり」**、ただし、その想いが幹部陣で共有されたり、十分な時間を取ってじっくりと吟味されてこそ、その想いを実現する施策や手法が出てくるのだった。

互いのビジョンや達成したい事業目標、施策アイディアを共有する中で、いくつか浮き彫りになったことがあった。

その一つは**経営者と幹部の見ている時間軸の違い**だった。流石《さすが》に社長は創業以来常にトップを走って先導してきただけあり、中長期的な視野を持って経営を行っている。業界に対する視野も5年・10年単位で見据えており、日頃からの言動や社員に対して求めるスピード感もその危機感から発生するものであった。一方で澤畑部長は、ライフウェイクを共有する中で、社長から投げ掛けられた質問への回答に窮してしまう場面が多々あった。「教育業界の5年後はどうなっていると思う？」「そのときにどのような強みを兼ね備えた企業が勝つと思う？」

社長は常に3年先、5年先を見据えて情報をキャッチし外部内部に発信をしている。一方で、どうしても現場マネジメントに日々苦心していると事業部長クラスは半年先、1年先の目線に落ちていってしまう。当然、両者の目線が異なるためコミュニケーションは食い違ってしまうことに、お互いに気づかされた。


もう一つは、**幹部陣が一枚岩になる重要性**であった。前述の通り事業に掛ける想いや業界に感じている問題意識は、皆のライフウェイクにより共通していることがよく分かった。

ただ、人には得意・不得意がある。それは社長とて例外ではなく、現に「組織づくりに実は苦手意識がある」という本音を吐露してもらったし、逆に澤畑部長は社長のような先見性や卓越したアイディアを持ち合わせているわけではない。誰しもが自分だけの強みを持っているが、何でもできるスーパースター集団ではない。チームであることの意味は組織として強みを結集させることで弱みの無効化をすること。だからこそ経営チームは一枚岩である必要があり、また、そのためには一人ひとりの幹部が、それぞれの幹部に対する期待事項を明確にしておく必要がある。

今回の合宿を通じて日常に忙殺されるとそれぞれが見失いがちなものでもあることを、互いに理解し合うことができた。

変革への取り組みフェーズ2：人事機能の強化

深まる議論の中で人事面も積極的に話し合う

大事なことに気づいた幹部陣は、なおもエクストラの議論を続けた。改めて将来目標から逆算した幹部のフォーメーションを明確化することに気づいたのだった。

「私は正直、自分の部門のマネジメントで手一杯の状況が続いています。ただ、現場の最前線で働いているからこそ分かるのですが、当社がもう一段階次の成長ステージに行くためには、人事面の問題を解決しないことには始まらないと思っています。正直、人事領域の人財が手薄です。本来ならば採用のやり方も育成の仕方も見直さなければ、今のように1年間で40人の人財が入社するが、同じ程度の人数が退職をしてしまうような状況は変わらないと思っています」

「社長のトップセールスで、どんどん意欲に溢れる人が面接を受けに来てくれる状況はとてもいいと思っています。ただ、会社の魅力を伝え入社への意欲を駆り立てる一方で、しっかりと入社した後に会社に対して貢献しうるようなスキルとマインドに溢れた人財が増えないといけないと思っています」

「例えば山本（20代・男性エンジニア）は入社して2年経ちますが、未だに仕事は受け身です。当社に魅力を感じてくれているものの、本質的には成長意欲がそこまで高くない。いつまで経っても私の負担は減らない状況です。しかし、彼の成長意欲や主体性などのマインドセットや、2年間で積み上げたスキルセットを評価する物差しがないことによって、変に居心地よくしてしまっているところがあるように思います。誤解を恐れず言うと、彼のような甘えのある社員がもっと居心地の悪い会社にしていかないといけないと思います」

「例えば高梨（20代・女性営業）も入社して1年経ちますが、営業の成績が振るわない状況です。にもかかわらず本人も危機意識は高くないようで。一度厳しく詰め寄ろうとしたこともあったのですが、会社の商品・サービスに対する課題指摘をするばかりで、自分の能力を磨いて売上貢献しようとする方向性にエネルギーが向かわないのです」

「私たちが、本当にこの会社を自分たちが思い描くビジョンの通りスケールさせようと思うならば、もっと人財要件の定義を明確に行って、採用段階から育成施策まで一貫したものにしていかなければ、会社の未来が危ういのではないかと思うのです」

社長に向けて澤畑をはじめ幹部から、人事面や人財に関する率直な意見がいくつも飛び出した。それを加藤はしっかりと受け止め、耳を傾けた。共通理解が生まれ、溝が埋められていたからこそできたコミュニケーションだった。

澤畑をコンバートし人財・人事面を強化

あの合宿以来、幹部のフォーメーションをより現実的なものにするべく社長は幹部陣とも議論を重ねて、一つの意思決定を行った。ラインの一つの部門の責任者であった澤畑部長を人事部の部長として据えて、後任の事業責任者は新たに探

することにしたのである。澤畑部長は、同社が次の成長ステージへいくための人財戦略の策定と人事部の組織化に着手する役割を担う形になった。

いきなり全てが上手くいくわけでは決してないだろう。ただ、事業責任者として日々人の問題に悩まされてきたので、一体何が課題でどの方向性に修正をしていけばいいのか、澤畑はよく分かっているつもりだ。

例えば、「社長は求職者への価値付けは得意だが、選考のスペシャリストではない」ということ。それを踏まえて従来の面接フローにおいて、最終社長面接の前に「見極め」が適切になされるようなフローの変更を行っていくことは必須だ。また、これを機に活躍している模範社員のコンピテンシーの特性分析も行い、それに基づく採用基準の設定を進めていく。そうすることで人財を受け入れた後の立ち上がりが、各ライン部門でよりスムーズになるだろう。

終わりに

加藤エデュケーショナルの変革においては、幹部合宿を実施し、社長と幹部の間にある心理的な溝を埋めるために、共通の理解を育んだことが全てのきっかけであった。

このように、創業者たる絶対的な立場の社長と幹部が、率直に語り合える機会を設けてコミュニケーションを発展させていくことは有効である。ただし、こうしたステップを踏む際には、加藤エデュケーショナルの事例を踏まえ、以下のような点に気をつけることが大切となる。

①急成長企業において理想と現実のギャップは必ず起きることを理解する

加藤エデュケーショナルのように、創業社長が起こしたベンチャーの場合、どうしても会社の将来を見通す時間軸において、社長と幹部のギャップができることを自覚すると、溝を埋めやすくなる。また、知名度先行によりアウターとインナーのブランド格差が広がっていることも知るべきである。それらを知った上で、今はどちらを優先すべきか、どちら側に現実を近づけていくべきか、を選択するのが良い。

②ライフウェイクシートの重要性

一見、自身の過去を振り返るのは面倒であっても、その重要性を認知させるようにし、全員が真剣にしっかりと作成することで、本来の想いを自分自身も把握できるようになり、さらに互いの共通の理解につながる。お互いのバックボーンや価値観、仕事に対する想いを知ることは、信頼関係構築の第一歩となる。

③組織体制の見直しにつなげる

溝を埋めることができたら、次は具体的に組織戦略も明確化するところまで話を進めることだ。加藤エデュケーショナルは「起業家フェーズ」から「事業家フェーズ」へと上手く移行できなかったことが、多くの問題を生んでいた。それぞれの事業フェーズに合った組織体制があり、事業成長とともに組織体制も変化していかなければならない。

企業文化が成熟しないままの事業拡大は、やがて行き詰まるだろう。

モンスター組織

CASE 02

低体温デジタル組織

業務過多とデジタル偏重コミュニケーションで低体温化した組織の変革

～コミュニケーションギャップを埋めるための
「オフィス改革」と生産性を高める
「働き方改革」で組織を活性化する～

登場人物

①営業部長：三浦　誠司（43歳）

・ネット広告業界で長らく営業に従事
・成果にこだわった仕事で、クライアントからの信頼も厚い
・8年前に同社に転職し、優れた営業成績を残してきた
・4年前より営業部門の責任者に
・自身がたたき上げて育ってきたため、同じようなマネジメントスタイルを踏襲している

②エンジニア：桐生　光一（27歳）

・大学卒業後、新卒で入社
・メディア事業部のシステム開発を担当
・現在入社5年目で、新人教育も任されるようになったが、自身もきちんとした教育を受けたことがなく、どう育ててよいか分からない
・人付き合いが苦手で口数が少なめ、対面コミュニケーションを取りたがらない
・比較的自由な社風は気に入っている

■イントロダクション■

大手広告代理店出身の現社長が11年前に独立し、創業した大島テクノロジーズ。主力事業であるメディア事業とWEB事業で会社を伸ばしてきた。現在社員数は約120名で、そのうち半分近くは開発エンジニアが占める。

市場が右肩上がりのこともあり、仕事の依頼は多く、高い成長率を実現している。しかし、社長自身は、同業他社に比べてそれほど成長しているとは捉えておらず、もっと事業拡大したいと考えている。

特に気になるのは、比較的ベテランが多い営業部門と若手が多い開発部門で度々対立が生じていることだ。営業部門と開発部門の意識のギャップである。営業部門は、数字目標の達成意識は強く、数字をつくることには情熱を持っているものの、受注の仕方に雑さが見られたり、受注した後の仕事がおざなりになりがちで、それが他部門の不満につながっている。

対立の要因は他にもある。開発部門を中心に、どんどん新しいデジタルツールが導入され、近年、社内コミュニケーションや情報共有の大半は、デジタルツールで行われるようになった。ただその状態に営業部の多くのベテランメンバーはついて行けておらず、対面でのコミュニケーションの少なさに不満を感じている。

一方の開発を中心とした若手メンバーは、システムやチャットを見てもらえば分かることを、わざわざ改めて報告させるといった、古いマネジメントスタイルに嫌気がさしている。

コミュニケーションギャップが埋まらないことを、お互い相手に矢印を向けている状態にある。さらには部門内のコミュニケーションも希薄で、モチベーションのケアもできていないため、それが離職率の高さにつながっているのではないかという懸念がある。加えてクライアントファーストを掲げているものの、そうしたマインドの浸透度は低く、自分ファーストな仕事の仕方がはびこりつつあることに、危機感を持っている。

変革前の大島テクノロジーズ

社員たちの意識の低さに苛立つ営業部長

「最近、クライアントからのクレームが増えてきている。開発部門の仕事の仕方に問題があるんじゃないだろうか」

営業部長の三浦は、このところ、部下から報告を受ける、あるいは自身も受け取るクライアントからのクレームに頭を悩ませていた。三浦はネット広告業界で長く営業に従事し、8年前に大島テクノロジーズに転職。優れた営業成績を残してきた。そして4年前に、営業部門の責任者に就任し、任務にあたってきた。何よりも、クライアントから厚い信頼を得てきたことを誇りに思い、大切にしている。にもかかわらず、クライアントからクレームが増えているのは、営業部長として看過《かんか》できなかった。

その原因を考えていて思い当たるのは、開発部門の仕事ぶりだった。どの業界もそうだろうが、広告業界においても納期を守ることは基本だ。なのに開発部門はその意識が弱く、営業部の者がクライアントに頭を下げる事態も生じている。

「忙しいので仕方ないんですよ」

開発部門の人間は、そう言い訳するが、あまりにも責任意識が薄すぎないか。残業したくないそぶりも見せるが、ならもっと生産性を上げる努力をすべきではないか。

何よりも問題なのは、報連相が少ないことだ。何でもやりとりをデジタルで済ませようとして、直接話をしようとしない。

時代はたしかにデジタル化がどんどん進んでいるが、そうであってもコミュニケーションは、やはりデジタルだけで済まされるわけではない。顔を合わせて、しっかり話をしなければ、どうしても情報の伝達や意思疎通に欠けてしまう。三浦はそう考えていた。

リーダークラスのエンジニアも問題だ。自分の仕事で精一杯で、ちゃんと新人を育てていないのではないか？　新人が関わったプロジェクトで品質に問題が出るのはそのせいだ。

開発部門に対する三浦の不満は、尽きることがなかった。

営業部の「古さ」に頭を悩ませるエンジニア

「いつも営業部が無茶な仕事を振ってくる。そんな短い納期で、そんなややこしい開発をやれなんて、無理があるだろうに。もう少し余裕を持った納期設定にしてもらわないと……」

ため息をつきながら、桐生は思わずひとりごとを口にした。

メディア事業部でシステム開発を担当する桐生にとって、日々頭を痛めるのは営業部とのやりとりだった。桐生は人付き合いが苦手で口数も少なめ。対面コミュニケーションを苦手としていた。でもそれが業務に影響が出るとは思ってもいない。コミュニケーションツールは様々あり、記録もしっかり残るから、昔のように顔を合わせて話をする必要もなく、デジタルを利用してのコミュニケーションにはメリットがあると感じていた。

にもかかわらず、営業からは文句がくる。

「もっと小まめに報連相してもらわないと困る」「もっと口頭で伝えて欲しい」

どうやら「できあがったものが話と違う」とクライアントに納得してもらえないケースが増えていて、それがコミュニケーションの問題だと捉えているようだ。

でも考えてみれば、そもそも営業がクライアントの与件を正確に捉えてないことが多々あるのが、問題なのではないか。営業のコミュニケーション能力の問題だ。だから当初聞いていた話と全然違ったものをつくるなどということもよく起きる。そのしわよせが、こちらにくる。

「だいたい、開発状況は開発管理システムを見てくれれば分かるのに、なんでわざわざ口頭で報告しないといけないんだ。必要なやりとりはチャットでやって欲しい。そうでないと、言った言わないの問題が起きかねないし、イチイチメモを取ったりするのも面倒くさい」

ひとりごとは止まらなかった。

桐生は入社5年目になる。すると、「新人教育もやれ」と言われるようになった。でも自分もきちんとした教育をされたことがないので、どうやって育てていいか分からない。自分の仕事で手一杯なのも分かって欲しい。桐生は今日も、営業とのやりとりに悩まされていた。

解決すべき課題と対策の方向性

◆対立構造の整理

外部、すなわちクライアントと折衝し仕事を取ってくる営業。それに基づいてつくる開発部門。両者の間に衝突、ギャップが生まれて物事が上手く進まない……。

大島テクノロジーズに限らず、仕事を取ってくる立場にある営業部門はクライアントの意向に沿おうと、ときに無理な要望にも応えようとして開発部門にそれを押し付ける。そのようにして営業、開発の両部門の間に軋轢《あつれき》を生じさせている組織は少なくないだろう。

しかも大島テクノロジーズの場合、どのようにコミュニケーションを取るかという部分においてもギャップが生じている。開発側はデジタルツールでのコミュニケーションを重視し、営業は対面でのコミュニケーションを求めている。それをどう使い分けるか、双方で上手くコンセンサスが取れていないため、軋轢が大きくなっている。

コミュニケーションのあり方に加え、双方が不満を抱く理由は実は他にもあった。開発部門は、「営業からいつも無茶を押し付けられている」ことに不満を感じている。その根底には、開発部門は目先の仕事に一杯いっぱいで、新人教育もままならず、生産性向上も図れていないため、メンバーのモチベーションが総じて低い状態であることが、その根底にある。

そのため、クライアントの与件とのズレや納期遅れ、システムエラーなどが多く発生し、クレームにつながっているが、開発としては、今の環境では多少のミスは仕方ないだろうと、どこか開き直った気持ちがある。


一方の営業も、「クライアントファースト」を盾にして開発に無茶を押し付けているが、その実は、クライアントの我《わ》が儘《まま》を受け入れるしかない、立場の低さに原因がある。結局は営業も開発も、自分ファーストな仕事の仕方になっている。

仕事の需要は十分にある中で、開発部門の生産性が高まっていないこと、若手メンバーの離職率が高いことを改善しなければ、成長が鈍化しかねない状態といえる。

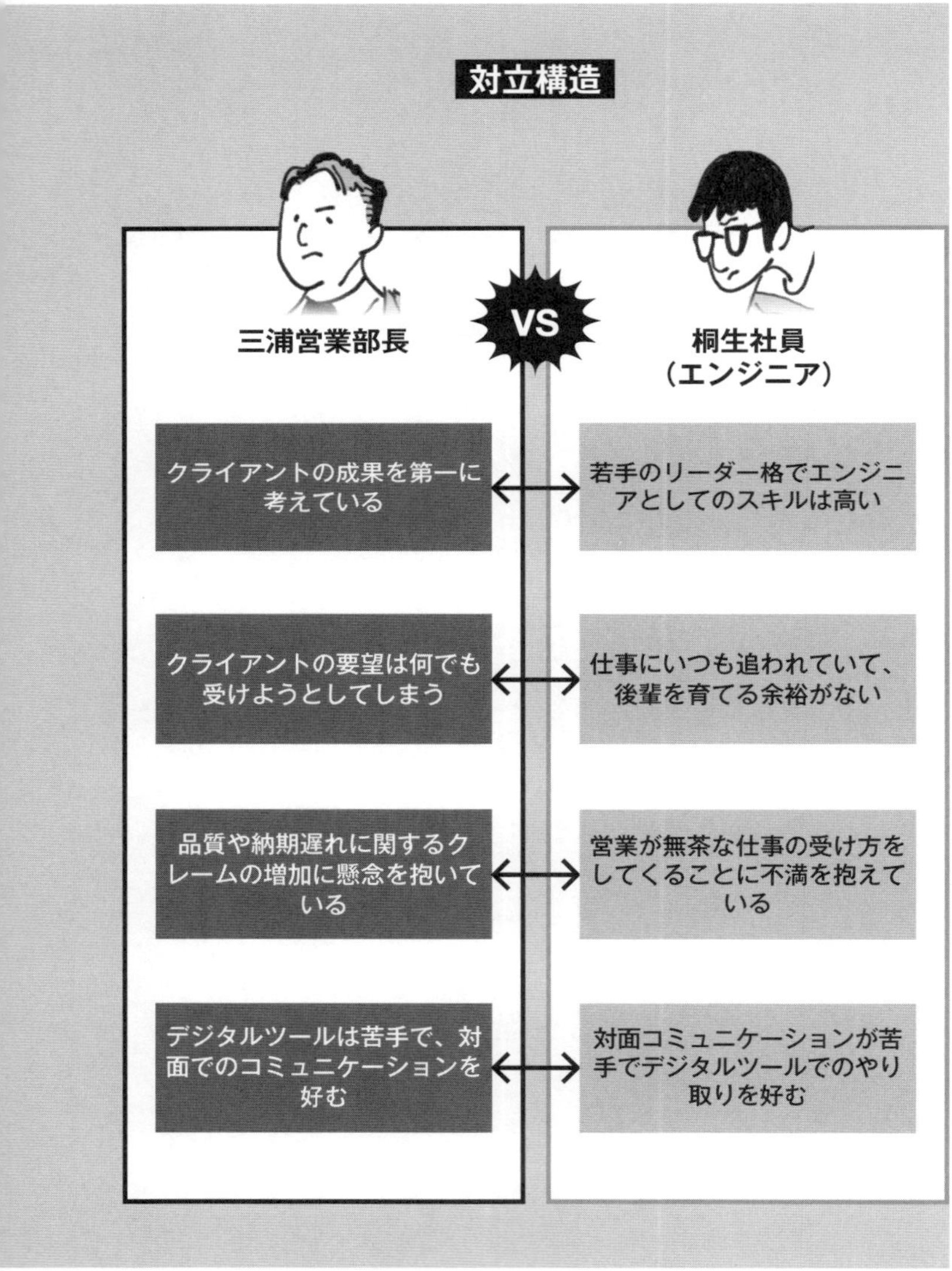

対立構造
三浦営業部長
VS
桐生社員
（エンジニア）
クライアントの成果を第一に考えている
若手のリーダー格でエンジニアとしてのスキルは高い
クライアントの要望は何でも受けようとしてしまう
仕事にいつも追われていて、後輩を育てる余裕がない
品質や納期遅れに関するクレームの増加に懸念を抱いている
営業が無茶な仕事の受け方をしてくることに不満を抱えている
デジタルツールは苦手で、対面でのコミュニケーションを好む
対面コミュニケーションが苦手でデジタルツールでのやり取りを好む

◆ファーストステップは生産性向上への取り組み

第一の問題点は、**開発部門メンバーの業務がキャパオーバーしている**ため、新しいやり方や改善を進める余裕がないことだ。大島テクノロジーズの場合、余裕がない状態であることに加えて、周りからのフォローが手薄なため、若手メンバー中心にモチベーションの低下が見られる。開発部門のリーダークラスは若手の人財育成の役割まで求められても、自身がきちんとした教育を受けてきた経験がないため、どう指導してよいか、分からないというハードルもある。

従って課題となるのは、スタッフの増員ないしは生産性の向上である。目先のことに目一杯の状態では、やり方を変えることの心理的ハードルは非常に高い。よってまずは業務の生産性を高め、精神的な余裕をつくりだす必要がある。

その解決の糸口としては、生産性を高めるためのオフィス改革と働き方改革があげられる。例えば、開発メンバーの業務スペースをメインとした「集中ゾーン」と、コミュニケーションを取るための「コミュニケーションゾーン」に分けたオフィスレイアウトにする。そして「コミュニケーションゾーン」には、簡易な打ち合わせができるスペース（スタンディング形式）などを多数配置。さらにリフレッシュコーナーも設けて、集中モードとリラックスモードの切り替えを促進、ランチタイムや休憩タイムに気軽に雑談できる場とし

■「集中タイム・コミュニケーションタイムの時間割制」事例

9:30～10:00	コミュニケーションタイム
10:00～11:30	集中タイム
11:30～12:00	コミュニケーションタイム
13:00～13:30	コミュニケーションタイム
13:30～15:00	集中タイム
15:00～15:30	コミュニケーションタイム
15:30～17:00	集中タイム
17:00～17:30	コミュニケーションタイム
17:30～18:30	集中タイム

ても利用する。

業務に集中すべきときと、コミュニケーションやリフレッシュをするときのメリハリをつけるため、仕事の進め方も時間の区切りを設けると効果的だ。

90分間の「集中タイム」と、30分間の「コミュニケーションタイム」を交互に設定し、集中タイム中は、お互いに話しかけないなど自分の仕事に集中する。一方でコミュニケーションタイムには、自分の作業は一旦中断し、クライアントとの連絡や社内のコミュニケーションや打ち合わせを優先する。時間の使い方の共通ルールを持つことで、生産性を高める工夫だ。

また時間を取られがちな会議は、「アイディア出し」「組織的な問題解決」に目的を絞り、1時間以内を基本とする。

日常的な報連相はデジタルツールを基本とし、プロジェクトの遂行上重要となる意思決定は、15分単位の短い打ち合わせを小まめに実施し、スピーディな問題解決に努めることを重視する。

これらの施策を組み合わせることで、業務の生産性を高めることができる。

◆コミュニケーションギャップの解消

第二の問題点が、**コミュニケーション方法のギャップ**である。本来であれば、営業と開発は密なコミュニケーションを取りながらワンチームとして同じ方向を向いて仕事をすべきところだ。しかしコミュニケーション方法にもギャップがある（営業は対面コミュニケーションを、開発はデジタルコミュニケーションを重視）ため、溝は深まる一方で、お互いが矢印を向け合う結果となっている。ハード、ソフト両面からコミュニケーションギャップを埋める施策が必要だろう。

ギャップを解消するためには、会社としてのコミュニケーションの基本ルールを明確化し、どういったケースでは対面や電話といったアナログなコミュニケーションを取るべきか、反対に、デジタルなコミュニケーションツールを上手く活用する方法についても提示

■ディレクターを中心としたプロジェクト推進体制への転換

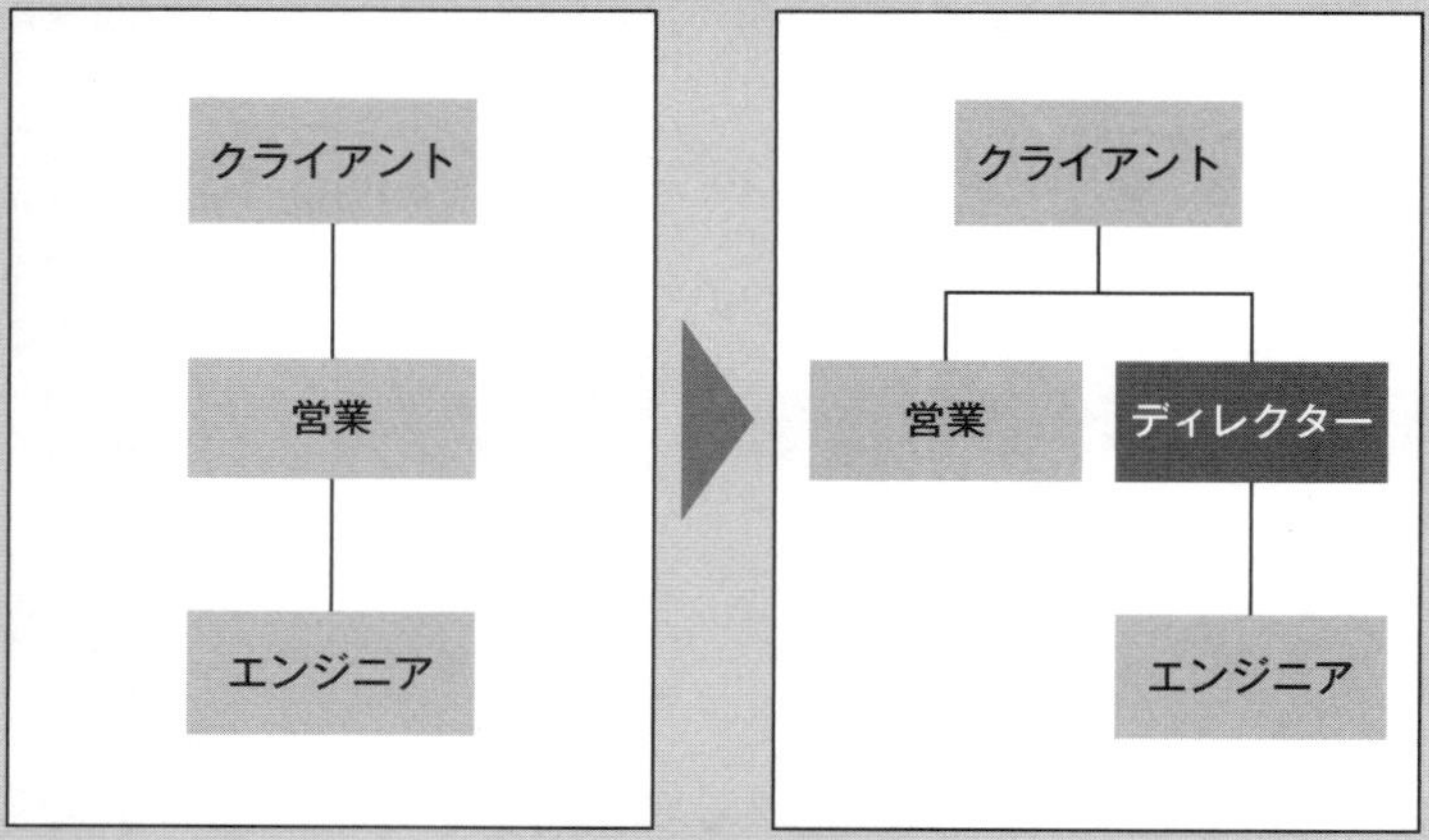

することが望ましい。それぞれのメリット、デメリットを理解しながら、共通の使い分けルールがあると、社内のコミュニケーションはよりスムーズとなろう。

◆業務連携方法の見直し

第三の問題点は、**責任があいまいな状態での業務連携**である。営業部門と開発部門の責任の所在があいまいで、お互いが甘え合っている関係性になっている。営業は開発が何とかしてくれるだろう、開発は多少納期がずれても営業が納めてくれるだろう……といった甘えが内在するため、問題が生じやすい。本来の業務フローや引継ぎルールが形骸化してしまっている可能性が高いため、改めてプロジェクト推進体制のあるべき姿から考えなおすことが望ましい。

従って、業務フローの再設計と部門間引継ぎルールの明確化、業務の標準化による無駄やばらつきの排除などで生産性を高めることも重要だ。ただし、標準化しきれない点も残るため、開発プロセスを理解し、適切なプロジェクトマネジメントができる人財にディレクションを任せることも合わせて考えていくとよいだろう。

いわゆる「**ディレクター制度**」の導入である。人的リソースの問題はあるが、ディレクターのポジションを置くことで、社内外の調整がしやすくなるメリットは大きい。

変革への取り組みフェーズ1：コミュニケーションを変える

オフィス環境改革とコミュニケーションルールの明確化

自ら創業して11年、大島テクノロジーズを育て上げてきた社長は、営業部門と開発部門に軋轢が生まれていること、それを中心とする組織が抱える問題に気づき、ようやく危機感を抱いた。

知り合いの経営者に相談すると、「社員に『意識を変えろ』と言っても変わらないなら、まずは働く環境を変えてみたら」と勧められた。といっても自分だけで知恵を絞っても限界があり、社内から新しい風を起こすのも簡単ではない。

そこで、その経営者に紹介された組織変革コンサルタントに相談することにした。自社の抱えている問題点を伝え、どのように変えていけばよいのか、提案してもらうよう、依頼したのだ。

コンサルタントから上がってきたアドバイスを受けて、オフィス環境改革をスタートさせた。まず手をつけたのは、元々は各部門ごとに分かれていた執務スペースを機能別にゾーン分けすることだった。作業に集中したいときの集中ゾーン、メンバー同士がコミュニケーションを取りながら仕事を進めるときのコミュニケーションゾーンを設定した。

集中ゾーンは、開発メンバーと管理部門のみ固定席とし、それ以外の部門はフリーアドレスとした。コミュニケーションゾーンには、容易に打ち合わせができるように、大小様々な形の

打ち合わせスペースも設置。さらにスタンディングスペースも設け、無駄に長居せず打ち合わせが短時間で終わるように工夫するなど環境を整えた。それとともに全ての打ち合わせは、原則1時間以内をルールとしてはっきり打ち出すことで生産性の向上を意識させた。

何よりも大事だったのは、部門間にある垣根を取り除くことだった。そのため、対面でのコミュニケーションを促進するようにした。同時に、簡単な確認事項やタイムリーな報連相はメールより簡易なチャットを活用することをルール化した。

営業部門から不満が出ることは予想されたため、社長自らが率先して使用することで、不慣れな営業部門での定着を図ろうと試みた。

それでも当初は不満が生じた。

「なんでいちいちアプリなんかに書き込まないといけないんですか？　直接話せばいいじゃないですか」

営業部長の三浦は、部下から再三、不満をこぼされた。

「そう言わないでさ、全社としてそうすることにルールが決まったんだから、やっていこう」

そのようになだめたりはしたが、三浦自身、部下の不満には内心では同感だったし、思わずにはいられなかった。

「開発部門に合わせるのはなんだかなあ……。なんとなく手間が増えた気がする」

内心、不満や不安も抱きつつ、社長を見習ってこなしていった。


すると、デジタルツールを利用する良さも実感する機会が増えていった。いつ、どんなやりとりをしたか記録されていることの意味、大切さが分かってきたからだった。口頭では言った、言わないになることもあるし、記憶があいまいになることもある。でもアプリなどを使うことで、「あのときどんなやりとりがあったのかな」と思えば、辿って調べることができる。今までに生じていた問題が解消されることに気づいた。

一方で、なんでもチャットで済ませてしまうことの弊害も見られた。文字では伝わりきらない微妙なニュアンスを伴う問題や、直接画面を見ながら意見を出し合って決めた方が早いこともあるからだ。そうしたときは15分程度の短い打ち合わせを取り入れ、スピーディにすり合わせと意思決定を行うことにした。無駄に時間がかかるから、と打ち合わせ嫌いだった開発部門のメンバーも、ショートスパンでの打ち合わせが定着したことで、徐々に対面でのコミュニケーションにも積極的に応じるようになっていった。

やがて、顔を合わせる機会が増えるうちに、相手の人柄もなんとなく分かるようになってきて、立場や業務上で抱えている悩みなども、以前より理解できるようになった。

こうして、環境が変わり、ルールも明確化されたことで、営業部門と開発部門の双方の理解が進み、コミュニケーションギャップが徐々に埋まり始めた。

時間の使い方を共通ルール化し生産性を向上

オフィス環境を変えると同時に取り入れたのが、時間の使い方の共通ルールだ。開発業務は集中力を伴う仕事だが、集中している途中で話しかけられると思考が中断してしまい、作業に戻る際に「あれ？　何をやろうとしていたんだっけ……」と思い出さなければならないことが多々あった。中には邪魔をされるのを拒み、ヘッドフォンをつけて一日中他者をシャットアウトしてしまうようなメンバーもいた。

営業メンバーからしてみれば、クライアントから問い合わせを受けたことにはできるだけスピーディに対応したい気持ちもあり、コミュニケーションを拒まれては困る、という思いだった。

そこで導入したのが、「90分-30分ルール制」だ。90分間の集中タイムと30分間のコミュニケーションタイムを交互に設定し、集中タイム中は原則としてお互いに話しかけることはせず、自分の業務に集中すること

とした。反対にコミュニケーションタイムには、クライアントや社内メンバーとのコミュニケーションや打ち合わせ、雑務の処理といった時間にあてることをルール化した。

「コミュニケーションタイムができたことで、開発メンバーにも声がかけやすくなった」

そんな声が他部門から聞こえてくるようになった。コミュニケーションタイムになると、コミュニケーションゾーンにあるカフェコーナーに人が集まるようになり、プロジェクト以外のコミュニケーションも自然と生まれるようになった。すると、思わぬ人から貴重なアイデアをもらうことができたり、若手が先輩にちょっとした困りごとを相談したりといった機会が増えていったのだ。

「会社の雰囲気が以前に比べ、ギスギスしなくなったな」

営業部長の三浦はその効果を実感していた。

反対に開発メンバーからは、作業に集中しているときに他者から中断されることが少なくなったので、作業効率が上がったように感じるとの声も聞かれた。集中タイム中は話しかけてはいけないルールができたことで、簡単な報連相はチャットで済ませる習慣も結果的に根付いていった。

「外出で不在がちな営業の人たちも、移動中とかにチャットで確認してくれるようになったので、確認したいことがスムーズに確認できるようになった」

開発部門のリーダーである桐生は、そう感じていた。

変革への取り組みフェーズ２：標準化した業務フローを組織に根付かせる

バラバラだった仕事の進め方を標準化

次に社長が手を打ったのは、開発部門を中心に、個々人がバラバラだった仕事の進め方を標準化し、生産性向上を図るプロジェクトのスタートだった。

当初、開発部門では反対の声が渦巻いた。

「余裕がないのに、今そんなことはやりたくない」

という意見が多くを占めた。それでも社長はトップダウンで、開発部長をプロジェクトリーダーに任命し、標準化を進めていった。

手始めとして、業務フローを再設計するところから着手した。営業部門から開発部門への引継ぎルールを明確化し、開発依頼をする際に整理しておくべきクライアントの与件も、抜け漏れがないよう標準化した。与件が不明確なまま開発に着手し、後から手戻りになることを防止するためだった。

さらに、何度も手戻り・変更を起こさないために、どの段階で何をクライアントに確認する必要があるかを明確にした。クライアントとの打ち合わせは毎回決定事項を残すこととし、チェックリスト化して、双方で進捗を管理することとした。

加えて、各工程別に目安工数を設定することにもチャレンジした。それぞれの業務をどのような流れで、どのくらい時間をかけて行うかを定めようと考えたのだ。

実際、どのような業務にどれだけの時間をかけているのかを調べてみると、大きなバラつきが見られた。生産性の高いメンバーは、毎回ゼロベースでアイディアを考えるようなことはせず、過去の事例の中から近しいものをベースにして、それをアレンジするようなつくり方をしている。一方、生産性の低いメンバーは、毎回ゼロから自分で考えて設計していたため、余計な時間がかかっていた。それに気づいた開発部長は、これまでに開発したものをパターン分類し、参考にしやすいよう仕組みを整え、情報共有することとした。

「こんなに似たような事例はあったんだ」「これを参考にしたら、そんなに時間をかけなくてもできるんじゃないか」

といった声が、若手の開発メンバーから聞こえてくるようになった。

しかし、あらゆる業務の工数が標準化できたわけではなかった。目的やアウトプットイメージは同じようでいて、求められるスペックや拘《こだわ》りたい部分が異なってくる。従って、工程ごとの工数見積もりがパターン化しきれず、実際に要する手間とのズレが生じてしまったのである。営業サイドではどうしてもクライアントの「なるべく早く仕上げて欲しい」という要望を汲《く》むがゆえに、工数を少なめに見積もってしまう傾向が続いていた。

ディレクター制度の導入

そこで、開発部長はプロジェクトの推進体制そのものにメスを入れることにした。これまで、営業担当と開発担当という二人一組の体制が主流であったが、そこにディレクションの役割を担う、開発ディレクターを置くことにしたのだ。

ディレクターの役割は、クライアントとの打ち合わせに参加し、クライアントの与件を確認しながら、適切な開発工程とスケジュールを組み、品質と納期に対してコントロール責任を担うことである。そのため、社内の人的リソースだけでは不十分と判断した場合は、外部のリソースを活用する権限も与えられた。

開発部門のリーダークラスを数名、プロジェクトディレクターに任命したため、開発の人員不足が懸念されたが、そこは外部のパートナー人財を増やすことと、採用を強化することで対応することとした。

「ディレクターがクライアントとの打ち合わせに同席してくれるようになって、品質や納期のズレといった問題もあまり起きなくなったし、クライアントからの信頼も高まってきたよ。ありがとう」

営業部長の三浦から感謝の意を述べられ、開発部長は苦労した甲斐があったと少し報われた。

開発部門の桐生もディレクターに任命された一人だったが、人付き合いが苦手なこともあり、最初はクライアントとの打ち合わせに同席することに抵抗感が強かった。しかし、営業が勝手に納期や無理なスペック条件を呑んできてしまうよりは、自らそこをコントロールできた方が、開発にとってのストレスも少なくなるだろうと前向きに捉え、ディレクションに励むようになった。

クライアントに対しては、誠意を持って対応しつつも、できること、できないことははっきり伝えるように意識した。きちんと理由を説明すること、必要な工数を適切に伝えることで、

クライアントも納得してくれることが多かった。

その一方で、クライアントの我が儘を受け止める営業の大変さも少しずつ理解できるようになり、営業担当者との距離も以前よりは縮まった気がしていた。

「最近は営業部門と開発部門の連携が良くなってきたな」

社長は自身が打った対策を満足げに振り返っていた。

終わりに

大島テクノロジーズの抱える問題点は、一見すると、デジタル世代である開発部門とアナログ世代である営業部門のコミュニケーションギャップや、部門間の意思疎通が円滑ではない縦割り風土が問題であると見られがちである。もちろんコミュニケーションギャップの溝を埋めることは大事だが、それと同時に、コミュニケーションギャップを生んでいる真の要因にも目を向け、そこに手を打たなければ、本当の解決には至らない。

大島テクノロジーズの場合、開発部門の余裕のなさがコミュニケーションへのわずらわしさにつながっており、仕事の生産性を高められなければ、単にルールだけ変えてもコミュニケーションの溝は埋まらなかっただろう。

生産性は、ただ意識を変えろ、仕事の仕方を見直せと言うだけで解決する問題ではない。環境を変えることで、意識を変えていく必要がある。

環境を変える取っ掛かりとして、まず、オフィス環境を変えることから始めた。そして環境を変えるという大きな意思決定があったからこそ実際に環境が変わり、そして一人ひとりの行動が変わり、それに伴って意識も変わっていった。

デジタルコミュニケーションが良いのか、対面コミュニケーションが良いのかは、ケースバイケースである。デジタルツールの利点は、記録が残ることと、場所や時間を問わないことにある。タイムリーに顔を合わせることが難しいメンバー同士のコミュニケーションや、やりとりの履歴を残しておきたい場合には重宝するだろう。また、自分にとって都合のよいタイミングでコミュニケーションに時間を割くことができることも、集中力が求められる職種においては、大事な要素と言える。

とはいえ人は感情の生きものだ。対面でコミュニケーションを取る機会が増えれば、自然と相手への理解は深まり、感情移入もしやすくなる。文字で見るとそっけないように感じたコミュニケーションも、直接話をしてみたら、案外、熱心に考えてくれていたんだと気づくこともあるだろう。それ以上に、時間をかけて文字化して何度もやりとりするより、直接話してみたら一瞬で解決した、などといったケースは枚挙にいとまがない。

ただし、対面コミュニケーションばかりに頼るようになると、必要以上に打ち合わせに時間をかけることにつながりかねないので、議論や報連相の性質に応じて、デジタルと対面を使い分けることが望ましい。

大島テクノロジーズのように、時間の使い方をルール化することも一つの方法だろう。会議や打ち合わせにかける時間を制限する、業務に集中すべき時間とコミュニケーションを取るべき時間を分ける、といったやり方だ。職種の異なるメンバーが混在する場合、仕事の進め方も当然異なるため、共通のルールを設けることで、お互いに配慮した仕事が進められるようになる。

環境という外堀を埋めたら、次は本丸である業務の進め方そのものにメスを入れる必要がある。品質や納期の問題を解決するためには、仕事の仕方そのものを見直さなければならない。多くのケースでは、業務の標準化が品質や納期のバラツキを改善する鍵となる。しかし、全てがルール化やマニュアル化で解決できるわけではないため、ときに体制そのものを見直すことが求められる。

今まで一人で行っていた業務を二人で機能分担する。逆に複数人で細切れになっていた業務を一人がマルチタスクで担うなど、業務の分業化と統合化を適切に使い分けることで、生産性の改善を図ることができる。一般的に、業務の習得難易度が高く、キャリアの浅いメンバーが多い組織は分業型が向いており、業務の複雑性が少なく、ベテランメンバーが多い組織は統合型が向いている。

自社の組織の課題が何で、どうすれば生産性を高められるのか。これまでのやり方という固定概念を一度取っ払って考えなおしてみることが必要ではないだろうか。

モンスター

CASE

大量採用・大量

人財育成は「他人事」、大量採用・大量離職が当たり前の組織からの脱却

～組織開発の「自分事化」と適切な「人財育成ロードマップづくり」で強い組織に変革する～

登場人物

①代表取締役社長：岩山　猛（48歳）

・アパレル企業で商品開発に携わるかたわら、欧州出張を繰り返すうちに現在の事業を構想し、32歳で独立起業
・当初は欧州で自ら買い付けたインテリア雑貨をセレクトショップに卸す事業を行う。
・創業7年目には自社直営店をオープンさせ、さらなる成長を遂げる
・自らのセンスを信じるゆえに、幹部にさえ意思決定を任せられず、社内の細かな決裁まで全て自分で行っている
・事業ビジョンを描くことは得意だが、組織づくりに関しては関心も薄く苦手としている

②人事部長：木村省吾（42歳）

・中堅の国際物流会社で人事担当者から責任者まで実務を経験
・社外セミナーやＭＢＡの単科を受講するなどして人財育成や組織開発全般の見識を深めてきた
・人事のプロとして異なる組織で経験を積みたいと考えていたところ、懇意にしていた岩山社長から声がかかり、人事責任者として岩山家具に参画したばかりである
・実際に岩山家具に入社してみると、短期的な販売実績ばかりが問われ、中期的な人財育成や組織づくりが後回しにされる社風であったため、組織開発に悩みを抱えている

③商品仕入部次長：阿川かおり（31歳）

・岩山家具に新卒プロパー初期組として入社
・店舗を経験したのち、商品仕入部門に異動。
若くして実力をつけ、商品仕入部のリーダー格として活躍
・売れる商品を見極める力は極めて高く、岩山社長からの信頼も厚い
・仕事熱心で岩山家具の成長のために昼夜を問わず仕事に専念しているが、岩山家具の社員の入れ替えが激しいことは以前より懸念している

■イントロダクション■

岩山家具は、創業17年目の欧州家具、インテリア、雑貨類と自社企画商品を扱う商社兼小売業者である。直営店を15店舗持ち、今後も出店を続けて着実に店舗数を増やしていく予定である。事業は7期連続で増収増益と順調に成長を遂げており、大手商業ディベロッパーからも出店依頼が続いているほどの成長企業である。また、自社サイトを中心としたネット販売も順調に売上を伸ばしている。直営店事業以外に自社出店地域以外の家具・インテリア・雑貨店への卸売事業も行っている。

現在、年商120億円、社員数200名（その他、パート・アルバイト多数）。リーマンショック、震災後に業績が厳しい時期を2度経験するが、その都度岩山社長の豪腕で確実に業績を回復させることができた。

創業5年目からは新卒採用を開始。近年は新卒だけでも毎年30～40名規模で採用を行っているが、店舗の認知度向上に伴い、新卒・中途ともに募集に対する就職希望者は多く、採用予定数は確保できている。ただし、実際に入社した社員が5年以内に5～6割は退職している状態が続いている。

変革前の岩山家具

岩山社長の焦りと決意

「このままでは、人不足が原因で来年度の出店計画を見直さなければならなくなる。採用だけではもう間に合わなくなってきたということか……」

岩山の焦りは日ごとに大きくなっていた。事業の成長は一見順調だった。事業チャンスも出店資金もある。しかし現場スタッフの確保が思うようにいかず、特に店長クラスの不足が深刻化していたことで、今年度の出店計画に対してすでに遅れが出ていた。

順調な成長の裏で、岩山家具の人財や組織に関しては創業以来常に問題が発生していた。最初はリーマンショックによる不景気に端を発した創業メンバー同士の対立騒動だった。この時期の岩山の強引な事業の進め方に対し、他の創業メンバーが異を唱え対立。事業は大崩れせずに済んだが、取引先や社員に対する岩山の強引な対応に失望した創業メンバー2名が岩山家具から離れていった。加えて、その二人を慕っていた社員が次々と辞めていき、店舗はもちろん本社でも人不足に陥った。この社員の辞職が相次いだことが、岩山にとって大きな衝撃となり、その後の企業組織観に影響を与えた。

岩山は、人財採用について「どれだけ手をかけても人は辞める」「辞めることを見越して多めに採用する」という方針を打ち出した。

「人に依存する仕組みにすると、社員が辞めるたびに成長が止まる。そのたびに育てなおしていたら、競合に追いつかれてしまう。今は人に関しては質より量を確保し、採用をガンガン行って成長スピードを上げていく。合わない人は辞めても仕方ない。いずれはじっくり人を育てることも必要になるだろうが、それは今じゃない」

しかし新卒の離職率が5割を超える状況が続き、ここ数年の売り手市場で「量」の確保も難しくなりつつあった。それに「辞めることを前提」といっても一定の「質」は必要であり、その一定レベルへの育成すらも追いついていない。

そろそろ、「じっくり育てる」ことも必要な時期が来たのかもしれない。岩山は人財の強化にも意識を向けるようになっていた。

人事部門のリーダーとして、木村が入社

そんなとき、以前より付き合いのあった木村が退職を考えていると耳にした岩山は、自社への入社を持ち掛けた。

「専門家としてうちに来て、人の問題を解決してくれないか。我が社の事業拡大を実現するために、是非木村さんの力が欲しい」

木村が自社の問題解決に適任だと思ったのは、実務家としての実績に加え、人財育成や組織開発についての幅広い見識と向上心を感じたためだ。木村が在籍していた企業は、社員の定着率も業界内ではかなり良好な部類に入る。いろいろと聞いてみると木村は採用から社員育成までを俯瞰《ふかん》して将来像を描いた上で一貫性のある取り組みをしており、「なるほど、こういうア

プローチは自分には向いていない。その道の専門家が必要だ」と思えた。

入社後、木村部長は早速新しい施策を次々提案してくれている。実は岩山にはその効果がいま一つピンとこない施策も少なくなかった。しかし、とりあえずはその道のプロを信じて任せてみようと、この時点での岩山はそう心に決めていた。

人事部長・木村の苦悩

岩山社長から声をかけられたときは心底嬉しく感じ、長年勤めた会社を離れる不安はあったものの、違うステージにチャレンジしたいという思いが募っていた矢先でもあった。

しかし入社から1か月が経ったころには、岩山家具の組織が抱える問題の根深さがだんだん理解できてきた。とはいえ簡単に解決できる状況であれば、わざわざ自分が呼ばれることはない。岩山家具を変えていく仕事は、自分のキャリアの集大成にもなるだろう、と考えた。

「まずは組織の状態を経営陣や幹部が正しく俯瞰し、共通の問題認識を持てるようにすべきです。その上で、特に理念やビジョンについて、経営陣と現場との乖離《かいり》が起こっている部分を埋めるべく、コミュニ

ケーションの機会を設けていってはどうでしょうか」

そう社長に訴えた。

ただ、これらの施策を提案したときの岩山社長の反応が若干気がかりだった。

「アンケートか……社員の言いたいことはだいたい分かっているし、いちいちそれに振り回されても仕方ないんだがな。会社の理念やビジョンもことあるごとに話しているし、今さら効果があるかな……。まあ、まずは木村さんのやりたいようにやってみたらいいよ。任せます」

「任せる」とは言ってくれたものの、岩山社長は、どうも木村の案には懐疑的な様子だった。

まあいい。まずは進めていこう。やるべきことを進めていけば、おのずと結果はついてくるはずだ。木村はそう信じて、自分の案をもとに各種施策を進めていった。

若手幹部、阿川の期待

「まあ阿川さんは社長のお気に入りだから、多少社長に突っかかっても大目に見てもらえるよね」

ふと耳に飛び込んできた言葉が、阿川の心に今も引っかかっていた。昨年の忘年会で、誰かが漏らした一言だ。

最初は自分の実績が否定されたようで、もやもやとした気持ちになった。たしかに社長のことは経営者として尊敬しているが、自分は常に会社全体のことを考えてやってきたし、そのためには社長にはっきり意見も言う。別に社長のご機嫌取りに力を注いだつもりはない。

しかし実際に、この会社では「数字を稼いで社長のお気に入りになれば昇進できる」、裏を返せば「数字さえ稼いでいれば社長に気に入られ、多少の粗があっても見逃される」ということが暗黙の了解になっていた。

事業をやっている以上、数字は大事だ。ただ、あまりにも短期的な評価に寄っていないか。立地のおかげで業績は残していても、スタッフが次々に入れ替わっているような店長の評価が高いのには、違和感があった。阿川も以前は数字をあげることのみに執着していた時期もあったが、短期業績だけが評価の指標となっている現状に不安を感じていた。

また現場からは「店長にはなりたくない」という声があがっており、この1年ほどで、店長候補として目をかけていた社員が相次いで辞めてしまった。自社の給与水準は、少なくとも店長であれば決して低くはないと思う。店長になって良い成績をあげると、同年代よりも高い水準の給与が獲得できる。

ただ、安定して好成績があげられるような立地条件に恵まれた店舗は、古参の店長が長年不動の地位を占めており、現場メンバーは「新任店長は新規出店の立ち上げや不振店舗の立て直しで苦労するわりに大して給与が上がらない」という印象を持っているようだ。

このような状況の中で、木村が人事部長として入社することになり、阿川は「これで自社も少し変わるのではないか」と期待した。社長の事業展開スピードになりふりかまわずついていくのが精一杯の状況から、もう少し腰をすえて人を育て、組織を整えられる状態へと変われるのではないか、と。


木村が早速実施した社員アンケートに、阿川はそのような思いの丈《たけ》を率直に記入した。

「いろいろとりとめのないことを書いてしまったけど……。まあ、木村さんはその道のプロだから、きっと私たちの思いをくみ取って解決に導いてくれるはず。まずは人手不足の状況が解決されるといいな」

解決すべき課題と対策の方向性

◆対立構造の整理

岩山家具は、創業当初の立ち上げから初期拡大ステージを経て、新たな組織拡大ステージへと差し掛かっている。しかし、長年「人はある程度入れ替わるもの」という前提のもとで急激な事業拡大を続けてきたため、人財育成の土台がない。昨今の人財不足の状況も相まって岩山家具の拡大スピードに人財獲得スピードが追いつかなくなりつつある。

社長はその問題に気がつき、「人づくりと組織づくり」に目を向け始めた。幹部陣も、今の人手不足の状況に対して何らかの手を打つことに賛成している。しかし創業以来の組織風土はそう簡単には変わらない。

一方の木村部長も、社長や経営幹部陣に適切な危機感を抱かせるようなアプローチができていない。これまでの経験に基づく形式的なやり方にとらわれていたり、社長や幹部への遠慮から、本音でぶつかることができていない。木村部長がどこまでこの状況に切り込めるかが、岩山家具の組織変革の鍵になる。

対立構造

岩山社長	VS	木村人事部長
事業拡大意欲が強く積極的な出店計画を立てている	⟷	人事のスペシャリストとしてキャリア採用入社
自らのセンスに自信があり、仕入れや商品開発は全て自分が意思決定	⟷	フレームワークや因習的な方法論にとらわれがち
苦手な組織づくりは人事部長に丸投げ状態	⟷	社長の組織への関心の薄さに懸念を抱いている
人を育てるよりも、大量採用で成長は実現できるという考え	⟷	人財育成の重要性を説いているものの社長や幹部にあまり響いていないことを悩んでいる

◆組織変革の正しいステップ

第一の問題点は、岩山社長はじめ経営幹部の考え方に、**「事業成長第一」「業績第一」の志向が染みついてしまっていること**だ。頭では「人づくり・組織づくりが大事」と理解していても、少しでも業績が伴わないことがあると、目の前の数字づくりばかりを指摘してしまう。結果的に店長は人を育てる仕事よりも、店舗の売上づくりのため自分が何とかして頑張る、といったその場しのぎの対策に陥りがちだ。そのため若手人財のモチベーションは高まらず、離職率の高い状態が続いている。

加えて、組織開発に対する社長や幹部陣の「他人事」意識もまた、組織づくりに対して本気になれない要因の一つだ。木村という人事のプロフェッショナルが参画したことで、かえって「彼が何とかしてくれる」という意識が助長されてしまった。また離職率をかえりみない大量採用で事業を拡大してこられたという成功体験は根強く、人財育成の重要性に対する幹部の認識も揃っていない可能性がある。

あくまでも組織変革の主体は現場であり、そのトップは経営者である。社長や幹部陣の主体者意識をどう引き出すかが、最も大きなハードルとして、岩山家具に立ちはだかっている。

■事業計画と連動した要員計画を策定する

エリア別売上目標と要員計画（事例）

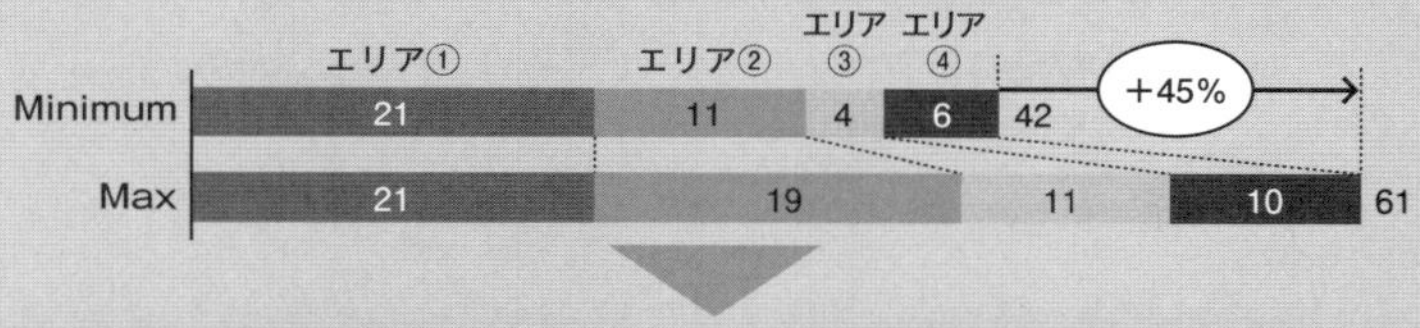

組織	(1)生産	(2)販売	(3)本社
2026年に求められる組織体制	・600億円の生産体制 ・中ロット案件立ち上げをスムーズにできる体制	・150億円の新たな売上を獲得するための顧客開拓体制	・150億円の新たな売上を獲得するための設計開発・サポート体制
2026年までの強化事項	・SKMの拡大 ・SKWの拡大	・新たな販社の設立	・本社拠点の近代化 ・東京への開発拠点設置 ・インドへの研究開発拠点設置
必要人材タイプ	・生産 ・経営管理（工場）	・開発技術（チーフ） ・営業 ・経営管理（販社）	・研究開発

経営インパクト	必要人員タイプ	想定必要人員数	シミュレーション方法
現販社における人員の強化	開発技術（販社）	10人	・海外売上を倍にするために、現行の出向者数の倍の人員数が必要として算出
	営業（販社）	10人	
拠点新設に伴う人員強化	開発技術（販社）	2人	・新たに販社拠点を1拠点新設すると想定し、必要人員数を設定
	営業（販社）	2人	
経営管理層の世代交代／強化	経営管理（販社）	4人	・販社の経営管理強化のために必要な経営管理人員数を設定（拠点新設分を含む）
新規生産ライン立ち上げ体制	生産技術	38人	・海外売上を2倍にすることを前提に必要な人員数を算出、2018年下期実績と2026年必要人員の差分にて算出
設計開発体制の強化（東京の拠点設置含む）	開発技術（専門）	45人	

■David Ulrich「人事の4つの役割」で考える組織変革の手順

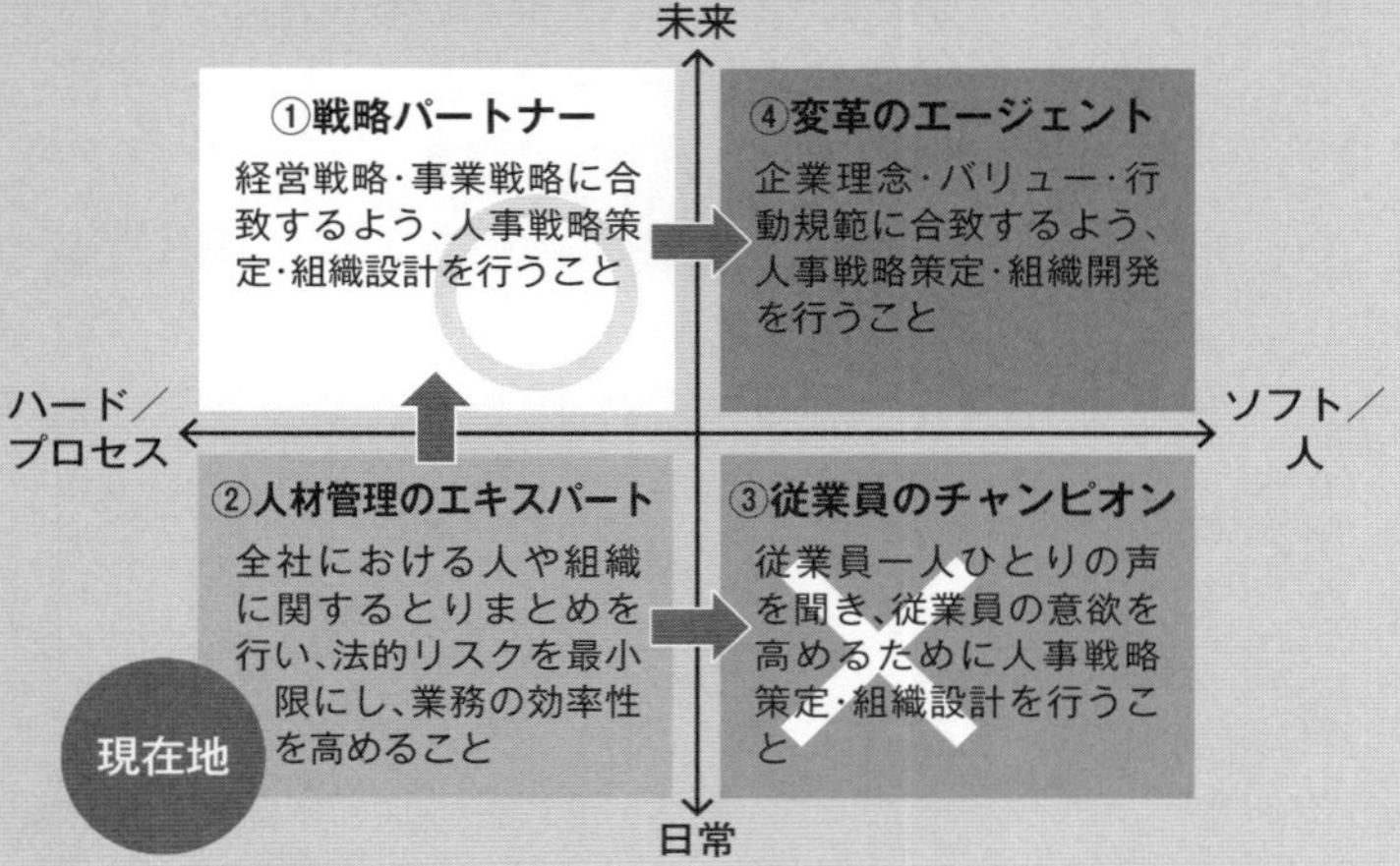

その解決の糸口は、相手の物差しで課題を捉えなおすことだ。具体的には、社長の考える事業拡大計画を人的リソースの獲得計画に変換し、事業拡大のためにどんな人財がどのくらい確保していく必要があるかを可視化し、幹部全員で共有する。

それらを採用と育成でどのように確保するのかについて検討し、組織開発全体像としてロードマップを描いていく。

ここでポイントとなるのが、組織変革の手順である。**David Ulrichが示すところの「人事の4つの役割」で考える**と分かりやすい。「ハード／プロセス」×「日常／現在価値」重視の組織を、「ソフト／人」（理念やバリュー）重視のアプローチで変革しようとすると、おおむね失敗する。それよりは、まずは「ハード／プロセス」×「未来／将来価値」重視へと転換を図り、未来志向を根付かせた上で、「ソフト／人」的なアプローチをとることが、スムーズな変革につながる。

◆「将来価値の創造」のための人財育成

第二の問題点は、岩山家具の**業務フローに「人を育てる」という行動が組み込まれていないこと**だ。社長は人財育成についての方針転換の必要性を感じているが、現場は人財育成のための時間投下をしないことを前提にまわっている。

人財育成のための時間を捻出するためには、他の何らかの時間を削ってそちらにまわさなければならないが、何を削ればよいかの判断は現場の社員には難しい。数字が全てという評価のもとではなおさらだ。

従って、人事あるいは現場で誰がどのように育成をするかを明確にし、社員の時間投資バランスを、目の前の数字づくりといった「現在価値の最大化」から、将来的な事業成長のための「将来価値の創造」寄りに移行することが必要だろう。

ただし、店舗業績に責任を負う店長に、「将来価値の創造」を任せることは現実的ではない。よって一つの解決策として、店舗業績ではなく、スタッフの人財育成をメインのミッションとして担うエリアマネージャーを各エリアに配置することも効果的である。

変革への取り組みフェーズ1：社員アンケートによる問題の見える化

実を結ばない取り組みの数々

阿川次長は、木村部長の入社が転機になると大いに期待した。しかし、木村の参画から1年半経過した今、目に見える成果は上がっていない。

木村の組織に対する考え方には共感する点が多い。何回か幹部会でのスピーチを聞いたが、「こういう考え方の人に入ってもらえて本当によかった」と感じられ、期待がふくらんだ。ところが実際に行われる施策は、阿川から見て、自社の現状と何かがズレているように思えた。

今朝、阿川のメールボックスに「社員アンケート」の依頼メールが届いた。木村が入社してすぐに始まった社員の意識調査アンケートも、これで3回目を数える。ちょうどそのと

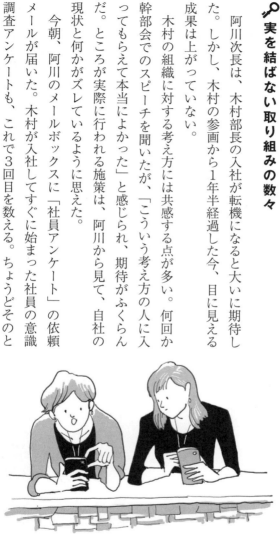

き隣にいた阿川の部下、迫田にも同じメールが届いたらしい。

「阿川さん、またアンケート来ましたね……。今までやったアンケートの結果ってどうなっているんですか？　集計は共有されましたけど、アンケートの結果をもとに何をやってどう改善されたとか、全然報告ないですよねえ。アンケート集計だけ見ても、正直『ふーん』って感じです。別に皆が普段から言ってることだし」

「一応幹部会では報告されてるよ。例えば先月やったリーダー合宿。あれは2回目のアンケート結果で『理念が浸透していない』って結果が出て、それで企画されたと聞いてるけど」

「あ、あれアンケートから企画されたんですか。でもなんか盛り上がりいまいちでしたよね。社長もすぐいなくなっちゃったし……ああいう理念とかって、社長と語り合わないと伝わらないもんじゃないんですか？」

「あのときは、社長も新ブランドの立ち上げでいろいろバタバタしていたしね」

「うち、バタバタしていない時期なんてあるんですか？」

迫田は若干、皮肉混じりに笑いながら言った。

阿川も正直なところ、迫田と同じように感じていた。しかし一方で、そんなふうに幹部の自分が感じてしまうところにこそ、今の状態の原因があるのではないかとも思えた。数字をあげて社長に気に入られないとものが言えない、目の前の数字を確保する以外のことは後回しにしてもよい、という雰囲気。いつかの忘年会で自分に向けられた言葉は、あながち的外れではないのかもしれない。

木村部長のアプローチはおそらく間違いではないものの、明らかに嚙み合っていない。

彼はこれからの岩山家具に必要な人だ。

「どうすれば木村さんの力をもっとうちに活かしてもらえるのかな。私にできることは何があるだろう……」

岩山社長の苛立ち

「結局今期も出店の遅れは挽回できない。2期連続での出店計画見直しだ。このままでは銀行からの評価にも影響が出る。木村さん、何としても来年度は店長が確保できるように、とにかく店長育成を最優先にしてくれませんか」

岩山は次年度の採用計画を承認する際、木村部長にそう念を押した。

木村部長に来てもらい1年以上が経過したが、一向に離職率は改善しない。店長候補まで育ったところで離職が起こる状況も相変わらずである。短期で成果の出る取り組みではないだろうと1年様子を見ていたものの、岩山の我慢はそろそろ限界に達していた。

木村には組織・人事のプロとして期待しており、権限も与え、彼からの提案もよほど費用がかかるもの以外は承認してきた。しかしこれ以上彼に任せていては、今後の事業計画にも支障をきたすのではないかと焦りが募っていた。

「木村部長はどうも安定企業で長年人事をやっていたせいか、遠回しな策ばかり出してくる。うちは今、悠長《ゆうちょう》に風土改善だの理念浸透だのと言っている場合ではないだろう。去年やった店長候補向けの研修も、あまり実践的な内容ではなかったから、皆が忙しい中で参加する意義を見い出せず、結局中断してしまった。もっと直接的に人財を鍛えていかないと間に合わない。そう何度も言っているんだが……」

そろそろ別の手を打たなければならない。岩山はそう感じていた。

木村部長の挫折感

岩山家具に入社して1年半。木村はその間、新たな組織活性化策をいくつも展開してきた。ただ、その多くが社長に承認はされたものの、岩山社長の関心度があまり高くないためか現場幹部の関心も低く、根本的な改革が進まないことに苛立ちを感じている。

最初に働き方改革として長時間労働や休日出勤が一部のスタッフに偏らないよう、規制するルールを打ち出した。しかしいったん決めたルールも、業績が逼迫《ひっぱく》すると「社長勅令」で無視されてしまう。こうなると当然現場も従わず、ルールは形骸化してしまった。

また、新たな施策に対する岩山の判断基準が「短期的な費用対効果」に偏っていることにも疑問がある。店長候補向けに外部研修を提案した際は、「年間で一人あたりこれだけの費用をかけるなら、採用した方がコストは安いのではないか」と一蹴されてしまった。新規出店が相次ぐ時期で余計な投資を抑えたかったことは理解している。しかし木村としても、むしろ出店を1店舗先送りしてでも人に投資すべきではないかと、納得がいかない思いであった。

それなら仕方ないと、木村は自身が講師を務める全6回の店長候補向け研修を企画した。これには岩山も「是非やってくれ」と、二つ返事でOKを出した。しかし研修では「現場が忙しくてどうしても参加できない」ことを理由に毎回数名の欠席者が出た。結局、業績達成に全社的な遅れが出ているということを理由に、研修は3回までで中断を余儀なくされた。

そこで次はリーダー陣の意識統一こそ大事だと、理念浸透をテーマにリーダー合宿を企画した。ここでは岩山を中心にして、「どんな組織にしていきたいか」のディスカッションをする予定だった。しかし前日になって突然、岩山社長から木村に電話があった。

「どうしても外せない面談が入ったから、朝は顔を出すけど、あとは任せるよ。ディスカッションの要点はすり合わせてあるから、大丈夫だろう。後で、どんな意見が出ていたか報告して欲しい」

これにはさすがに呆《あき》れてしまった。岩山社長は本気で組織変革をしたいのだろうか。こんなことなら、一体何のために自分をこの会社に呼んだのだろう。

「このままでは同じことの繰り返しになってしまうのではないか……」

そう考えると、木村はどんな策を打つべきかが分からなくなってしまった。

変革への取り組みフェーズ2：幹部を巻き込んだ組織変革へ

変化の兆し

「木村さん。これまでのアンケート、全てのコメントを公開してもらうことはできないでしょうか。以前レポートをいただいた際は、たしか代表的なコメントだけ抜粋したって仰ってましたよね。全部読んでみたいんです」

木村部長は、阿川次長から突然このように声をかけられて驚いた。阿川がこの会社の状況を何とか変えたいと思っている一人であることは、アンケートのコメントや、合宿での発言などから認識していた。しかし、これまで特に具体的な施策を提案されたことはなかった。

「匿名データなら別に構わないと思うけど……突然どうしたんですか？」

「去年の新卒もすでに退職者が出ているでしょう。事業の拡大どころか、現場は人不足ですっかり疲弊してしまっています。木村さんもいろいろな対策をしてくれているけど、私は新卒で入って店長も経験しているので、何か新しい解決の糸口がつかめるかもしれないと思って。社長は、このところ人の確保に相当頭を悩ませています。岩山社長がもっと事業のことに専念できるようにしてあげたいんです」

「でも阿川さん、人の確保も〝事業のこと〟の一部だろう。経営者としては当然責任を持ち、悩むべきところではないかな。今の状況を招いたのは、岩山社長の事業拡大に対するスタンスが原因の一つだと思うよ」

「それはそうですけど、社長があのスタンスを今さら変えられるとは思わないんです。だから私たち幹部が、人の問題にちゃんと踏み込んで、何とかしないと。みんな内心ではそう思ってるはずなんですけど、具体的にどうすればいいか分からないんじゃないでしょうか」

木村部長からすると、岩山のスタンスを変えなければ根本的な解決は難しいように思えた。それに幹部に今さらアンケートのコメントを公開したところで、ちゃんと目を通してくれるかは疑わしいと感じたが、まずは阿川がそのような声をあげてくれたことは素直に嬉しかった。

「分かりました。社長に承認を取った上で、幹部会議のメンバーに共有するようにします」

後日、木村は阿川に約束した通り、これまでのアンケートのコメントを幹部に全て公開した。匿名だが、回答者のだいたいの階層（店長、リーダークラス、一般スタッフなど）は分かるようにした。


コメントはかなり辛辣《しんらつ》なものも含んでいた。

「上層部は社員を使い捨てのように考えている」

「現場にぽんと配属されて、あとは自分で覚えなさいという状況。でも皆忙しそうで聞きたいことも聞きづらい雰囲気です」

「店長は社長の前だけやる気を出す。辞めた人に対しては裏切り者扱いで、あることないこと悪口を言いふらしている」

「新人を育てろって店長から指示されますが、自分のノルマも業務量も変わらない。ノルマが未達だと評価が下がる。新人が放っておかれてかわいそうだとは思うけど、育てても自分の評価は上がらないので、仕方ないと割り切っています」

「前も同じことを書いたけど全然改善されません。このままではもっと人が辞めていくのでは？」

改めてコメントを読むと、現場社員もかなり疲弊していることが伝わってくる。

やがて何人かの幹部から木村に返信があった。

「こんなに深刻な状況だったんですか？　改めて危機感を覚えました」

「すぐに手を打たないといけない。次の幹部会議で、離職率の改善について話し合う時間が欲しい」

彼らは少なくとも「この会社を変えたい」と思ってくれている。木村は少し光が見えた気がした。

阿川次長からの提案

翌週、木村部長は阿川次長に声をかけた。

「阿川さん、この間のアンケートの件、ありがとう。実はあの後何人かから返信があってね。何とかしないといけない、って意見を寄せてくれたんです。実はこの1年半、何をやってもなかなか反応が乏しくてちょっと諦めていたんだが、何とかしたいと思ってくれていることが分かって勇気づけられたよ」

阿川はうなずいた。

「私も、改めてこのままではいけないと思いました。社長は何としても今の出店計画を進めたいようですが、今のままで進めると現場が崩壊してしまいます。木村さん。実際どのくらいのスピードで何人増やす必要があるんですか？」

「今年は五人。来年は八人、再来年は十五人の新任店長が必要だ。それにエリアマネージャーも3年後までには今より五人は増やさないといけない。あと、スタッフ指導員も増員が必要で、管理部門も……」

木村は3年後までの採用計画と、一人あたりの採用コストの試算、社内の既存人財の育成見込み、離職率の想定などについてざっと説明した上で、最後にこう付け加えた。

「一応、今説明したような計画は、先月の中期計画資料に全部書いてありましたけどね」

阿川は、ばつの悪そうな顔をした。

「ああ、そういえば見たような……すみません」

「いえ、膨大な資料だし、発表時間も短かったからね。阿川さんがその調子なら、他の人も見ていないんだろうな。採用計画はここ数年ずっと未達だから、見ても意味のない数字だと思われてるんだろう」

「それで、木村部長に提案なんですけど、次回の幹部会議で人事の発表パートがあるでしょう。

そこで、今仰った採用と育成の計画について、改めて共有する時間を取っていただけないでしょうか。あと、最近の採用市場の厳しさも含めて。今後の計画達成のためには、今後何人採用して、どれだけ社内で育てる必要があるのか、ちゃんと売上数値と関連させて把握しないと、自分たちのこととして実感できないと思うんです」

木村は少し考え込んだ。

「なるほど……それなら、ただ共有するだけではなく、ちょっと自分たちで考えてもらうような仕掛けがしたいな」

"要員計画"検討合宿

木村の発案でエリアマネージャー以上が集まり、「3年後までの要員計画」を精査するための検討合宿が開催された。あらかじめ各エリアに、木村が作成したエリアごとの要員計画案が渡された。そして各現場で育成可能な人数も考慮して自分たちで修正した案を作成し、当日はその案をもとに検討が行われた。各店舗の一人あたりの売上、離職率、育成にかかる期間などのシミュレーション用数値は木村が用意した。

岩山社長は、今回は途中離席もなく最後まで検討に参加した。木村から離席しないようにと念を押されたこともあるが、数値計画と絡む話だったので自分がちゃんと議論の方向性を見ておき、必要に応じて介入したほうがよいと思ったからだった。

改めて計画を精査すると、様々なところで出店や売上の計画数値と採用・育成計画の人数が嚙み合っていないことが浮かび上がった。

「この店舗は年三人も新人を受け入れていたら、今と同じ規模の売上はとてもじゃないけど維持できませんよ」

「店長の採用ペースの想定が、ちょっと現実的じゃないですよね。今ですらこの半分のペースですよ」

「新卒の離職率は5割のままの想定でいいんですか？　採用頼みにするより、まずここの改善余地が大きいんじゃないですか？」

理念合宿のときとは打って変わった活発な議論に、木村部長は目を見張った。

「そうか。この組織は、数字と結びつけることで具体的な議論が進むのか……。離職率改善のために、社員満足度やコミュニケーションといったテーマに直接アプローチしてきたが、私のやり方がこの組織の思考パターンとズレていて響かなかったのかもしれない」

侃々諤々《かんかんがくがく》の検討を経て最終的に数字をまとめなおした結果、今の離職率と採用ペースを前提とすると、出店計画は半数に抑えなければならないことが分かった。

幹部の一人が完成したシミュレーション表を眺めて言った。

「今回の検討で、現状がよく分かりました。着実に拡大していくためには、半分とはいかないまでも、出店計画を見直すのが現実的なんでしょう……でも、それはうちらしくありません。私は、何とか計画通りに進めたい。社長もそう思っているんでしょう?」

岩山社長は全員の顔を見渡して答えた。

「そうだな。私もまさにそう考えていたところだ。今想定している出店計画は、業界やエリアにおけるポジションの確保というゴールから逆算したものだ。その計画を変更すると、ビジネスモデル自体が成り立たなくなる。何をどう変えれば、この数字が実現できるか。その方法を、一緒に考えていこう」

「人を育てる組織」への一歩を踏み出した岩山家具

その後も同じメンバーで検討を繰り返し、予定通りの出店計画を達成するための離職率の目標を定めた。ただ、それだけでは店長やエリアマネージャーの確保は間に合わない。現店長と店長候補人財に具体的に狙いを定めて集中して育成をするとともに、店長の待遇改善にも手をつけることとなった。

新人の育成に関しては現場任せにせず、「いつ」「誰が」「何を」「どのように」するかを明確に定める必要があった。木村はエリアマネージャーと相談をした上でモデル店舗を選び、どうすれば現場の業務フローに「人を育てる」行動を無理なく盛り込めるかの検証を重ねていった。次年度からは全店舗に同じ育成体制を展開する予定だ。

一方、店長や店長候補が研修のために現場から抜けることや、スタッフが新人の育成に時間を投下することで、一人あたりの売上は一時的に落ちることが想定された。ここに関しては、岩山が最終的には既存店舗の売上目標の下方修正に踏み切った。

「ただ目標を下げるのではない。将来のために、今は人づくりへの時間投資が必要だと判断した。いずれは各店舗の目標数値も従来の数値に戻すが、次年度いっぱいは、まず新しい体制への助走期間としたい」

新たなフェーズに向けて

「木村さん、ちょっといいかな」

木村部長は、岩山社長に呼ばれて社長室を訪れた。

「来年度に新設する人財開発室のリーダー、阿川はどうかな?」

「いいと思います。実は私からも推薦しようと思っていたんです」

「本人は現場が好きだからね。了承するか分からないが」

そして、岩山は少し声のトーンを落とした。

「実はまだ内密なんだが、海外展開の話があってね。これから私は海外出張が増えそうなんだ。人財育成や組織の強化は、自分としてはあまりセンスがないと思っているので、現場のことをひと通り分かっている阿川と、木村部長とが中心になって進めていって欲しい」

「そうですね。私自身も今思うと前職での成功体験にとらわれていました。離職率の改善や人財育成というと、理念浸透やコミュニケーションスキルの強化が必要だろうと思い込み、現場の状況をちゃんと見た上で策を練ることができていませんでした。阿川さんが一緒に進めてくれるなら、心強いです」

木村は続けた。

「ただ一つお願いがあります。人財開発室は人事部の下につけるのではなく、社長直轄にしていただけますか。外部から来た自分が旗を振るのではなく、社長ご自身と、店長経験者である阿川さんが率先して進めていく形を取るべきだと思います」

「なるほど。了解した」

岩山は力強く頷いた。

木村部長の顔からは、一時期の迷いはすっかり消えていた。やっとこの会社の一員として、自分の進むべき道を見い出せたような気がしていた。

終わりに

岩山家具はまだ変革の最初のステップを昇り始めたところだ。しかし、「人を育てる組織へ変わる」という方向性について、社長をはじめとした幹部の意識を揃えることができたのは大きな一歩だ。

離職が相次いでいる状況では福利厚生の充実等のモチベーション策、理念浸透による組織風土の強化、社員間のコミュニケーションの改善など、ソフト面での施策が検討にあがりやすい。ただ今回のケースにおける岩山社長は、ビジネス展開との結びつきが明確なテーマを最優先するタイプである。高い目標を追い続ける岩山家具では、ソフト面を重視した組織開発施策はその効果が出る前に打ち切られたり、あるいは形だけの取り組みに陥ってしまうリスクがある。

そういったケースでは、今回木村がとったような、事業計画をもとにした「人的リソースの確保」からブレイクダウンしていくアプローチが効果を発揮することがある。

ただ成長企業においては事業計画も変更がかかりやすい。事業計画からの量的なブレイクダウンのみを組織開発施策のよりどころとしていると、計画変更のたびに組織開発施策がぶれ、結果として中期的な取り組みが困難となってしまう。

中長期で強い組織をつくっていくためには、量的アプローチで社長や幹部の認識を揃えた上で、「どのような組織を目指すか」という組織コンセプトの確立と、そこからブレイクダウンしたソフト面でのアプローチ（モチベーション施策や理念浸透など）も必要となる。

特に成長・拡大フェーズの企業における組織開発においては、単なる量的な「膨張」から脱却して組織としてのステップを上がる「成長」を遂げるために、その両輪のバランスを見ながら中長期のロードマップを描いていくことが求められる。

モンスター組織

CASE 04

ワンマン社長の独り相撲組織

責任と権限の不一致により事業成長を阻むトップダウン型組織の変革

～「役員会の刷新」と「将来幹部候補の選抜育成」により幹部育成と権限委譲を促進～

登場人物

①創業社長：藤堂 淳史（46歳）

・新卒入社の大手ＩＴ企業で、常に全社ＴＯＰ5に入る営業成績を収めてきたやり手
・執行役員として任された社内の大型プロジェクトがスピンアウトする形で8年前に独立
・次々と事業構想が生まれる天才肌だが、自分の思考を他の人が理解できる形で伝えることが苦手

②既存事業部長：遠藤 恭介（37歳）

・裁量権の大きな仕事がしたいと大学卒業時よりベンチャーを渡り歩く
・5年前に立ち上げ当初の藤堂システムズに経営企画責任者として入社
・細かなことに良く気がつき、社長が突っ走ってメンバーがついていっていないときのフォロー役
・面倒見が良く社員から慕われている

■イントロダクション■

8年前に大手アパレルメーカー向けCXプラットフォームサービスがスピンアウトする形で創業した藤堂システムズ。

アパレル業界はEC化が遅れており、今後の伸びが期待される分野であったことに加え、元々大手アパレルメーカーと取引を持った状態でスタートしたため業績は順調に推移、売上30億円、社員数約40名の規模に成長した。何度かIPOを考える程、CXプラットフォームサービスの先駆者として一定の地位は築いたものの、競合も増えてきておりサービスが乱立、CXプラットフォームだけでは顧客獲得が難しい状況にもなってきたため、藤堂は集客~接客~追客までの顧客接点の全てを一元管理できるサービスを開発、アパレル業界以外への展開も視野に入れさらなる拡大を目指すこととした。新サービスも競合は多くスピーディな拡販と機能拡大が必要とされ、既存サービスとは動き方が変わるため、事業部制を導入しサービスごとに戦略を立てられる体制とした。営業や開発、カスタマーサポートはチーム格にし、既存事業部、新サービス事業部、経営管理部を事業部化し、新たに事業部長を任命することとした。経営企画責任者だった遠藤を新サービス事業部の部長に、残りの2事業部には外部から新たに部長を採用する形で新たなスタートを切った。

変革前の藤堂システムズ

期待通りに機能しない事業部長に苛立ちを覚える社長

「わが社がさらなる成長を目指すためには、営業・開発・カスタマーサポートの連携を強化し戦略をスピーディに磨いていくことが必要だ。そのために事業部制を取り入れ、事業部長に遠藤を任命したが、どうも上手く機能していないように感じる。新しい役割への意欲も十分で期待をしていたのだが、責任感が感じられない。外部から新しく採用した二人の部長のように、どんどん意思決定して進めて欲しいのだが、どうしたものか……」

藤堂は今までいくつもの新事業を立ち上げてきた経験から、新サービス拡大には事業部制の導入が必須だと考えていた。事業部制にすることで、営業・開発・カスタマーサポートの各機能は自部門のサービスのみに集中することができ、スピードと効率が増す。その効果を最大化するために事業部長が事業戦略を立て各機能をマネジメントするスタイルを王道としていた。「事業部長には事業の中長期戦略を立てて、各機能をリードして欲しいと思っている。遠藤は優しすぎるのか、各機能のリーダーの顔色ばかりうかがっているように見える。なので先日も改めて事業部長の役割と期待を伝え、目標数値や大枠の戦略もアドバイスした。本人も理解したようだし、他の事業部長にもフォローをお願いした。来週にはある程度、遠藤の意志のこもった事業戦略が出てくることだろう」

藤堂はそう考えていた。

社長が何を期待しているのか分からず戸惑う遠藤

「社長は毎回戦略を立てろと言うが、戦略を考えて持って行ったところで、いつもダメ出しばかり。社長の中にすでに答えがあり、その方向に誘導されているように感じるときすらある」

新サービス部門の事業部長に任命された遠藤は、経営会議の後の社長の言葉に頭を悩ませていた。

「事業部長としてより裁量権の大きな仕事ができると思っていたが、経営企画責任者のときの方が社長の干渉度が少なかったように思う。社長はいつも各機能の横の連携が重要だと言っているが、それは自分も同じ認識なので各機能リーダーの意見を尊重して事業戦略を組んでいるのに、毎回毎回、何が不満なんだろう……」

頭を悩ます遠藤に、同時期に入社した営業リーダーから声がかかる。

「遠藤さん、事業戦略決まりました？　その顔だとまた社長からＮＧが出たみたいですが……。

事業戦略が決まらないと営業戦略も立てられないのに、こっちはこっちで営業戦略を立てろと言われるし困っちゃいますよね」

　事業部制という新たな組織体制、一向に決まらない事業戦略に現場も苛立ちを覚えていた。

　社長と現場とのジレンマにさらに頭を悩ます遠藤のもう一つの悩みは、新しく入社した部長二人の評判だった。

「遠藤さん知ってます？　新しくきた部長たちの評判。私たちより優秀なのは分かりますが、来て早々、前職ではこうだった、これが正しいって持論振りかざして現場は結構不満抱えていますよ。内部人財からの部長登用は遠藤さんだけで、私たち期待してるんですから頑張ってくださいね」

　と経営企画室時代のメンバーから声がかかる。

　経営企画会議で議論をしている限り非常に優秀な二人であるとは分かっているが、既存のやり方を全否定されることには遠藤自身も嫌気がさしており、現場の気持ちは分かるだけに、過度な期待が余計に重たく肩にのしかかった。

事業の方向性が決まらないことで、各機能チームが明確な目標設定ができないまま走っている中、既存のやり方を否定する新部長たちへの批判の声も相まって、新体制に批判的な社員も目立つようになってきた。

次第に、営業は売れないのは新サービスの価値が低いからだと言い、開発は営業の努力が足りないと言い、カスタマーサポートは受注がないと仕事のしようがないという責任の押し付け合いが始まる。横の連携どころか、社内の関係性は悪化の一途を辿っていた。

解決すべき課題と対策の方向性

◆対立構造の整理

新サービス拡大のスピードを上げるために事業部制を導入し、事業の責任者として全責任を持って事業をリードして欲しい社長と、社長に振り回され権限も何もないと感じている遠藤。上層部の対立により一向に進まない新サービス拡大に、新体制を批判する現場、あげくに社内での責任の押し付け合いが始まっていた。

こうした構図は、社長の強いリーダーシップのもとトップダウン型で成長してきた企業において、必ずと言っていいほど起こることである。事業部長という大きな責任を負わせる一方で、当の事業部長は、十分な権限が与えられていないと感じている。自らの提案が結局社長に否定され、社長の言う通りに進めなければならないからだ。

また、外部から人財を入れ引き上げを図ろうとするも、既存のやり方を否定されたように受け止められ、メンバーから受け入れられない。せっかく変革のために新しいやり方を取り入れようにも、心理的な拒絶感から対立構造が生まれている。

対立構造

藤堂社長	VS	遠藤事業部長
事業成長意欲が高く次々と新サービスのアイデアを創出	⟷	細やかな心遣いができ社内の人望は厚い
事業部制を導入し権限委譲を試みるも、ついもどかしく何かと口を出してしまう	⟷	事業部制の導入に伴い事業部長に抜擢されるも、社長に事業計画をなかなか認めてもらえない
もっと部門長にリーダーシップを発揮してもらいたいと期待	⟷	もう少し責任だけでなく権限も与えて欲しいと感じている
社外から積極的にCXOを採用し体制を強化	⟷	社外からきたCXOに不満を持つ社員の声を聞くことが多い

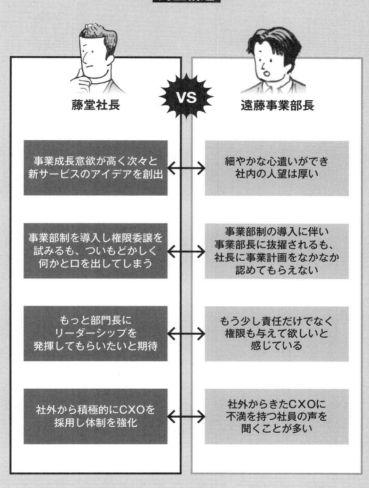

◆経営会議のあり方を見直す

第一の問題点は、**トップと幹部陣との間における時間軸のずれ**である。多くの場合、より遠い将来の展望に向けてスピード感を持って早急に会社を成長させたい社長と、その将来展望をイメージしきれておらず、自身の手に収まる範囲のスピード感で歩みたがる幹部陣との間で、スピード感ギャップが生じてしまうのである。藤堂システムズも幹部陣同士のコミュニケーション不足により、この認識ギャップが生じており、社内の混乱に拍車をかけていたことは明らかだ。

稀に外部から優秀な人財を採用できた場合、トップよりもさらに早いスピードで物事を進めたがる幹部が、入社後に組織の現実を目の当たりにし、強い失望感から勢いを弱めてしまうこともある。これもトップと幹部の間で「将来どの地点まで、どの程度のスピードで進みたいのか」という時間軸の目線合わせができていないことによって、生じてしまう問題である。

従って、課題はトップと幹部陣とのスピード感合わせと言えるだろう。社長が一体この事業において「どのようなビジョンを描いているのか」、「進みたいスピード感はどのような速度であるのか」、そして、「それは一体なぜなのか、どのような想いに基づいたものであるのか」についてしっかりと時間をかけて共有する必要がある。

■経営会議の在り方

	役割	スタンス
議長（社長）	・議事進行 ・アジェンダについての討議・意思表示 ・最終的な意思決定を行う	・議事進行役として、会議を主導する ・議長以下の各参加者の意見・意向を十分に踏まえた上で、最終的な意思決定を行う
経営幹部	・事前の付議資料作成・提出 ・案件の進捗状況の共有 ・アジェンダについての討議・意思表示 ・他参加者への適宜の質問	・意思決定に責任を持つべく、他事業案件等に対しても不明点は適宜質問し、合理的判断に基づいた自身の意思表示を行う
ファシリテーター	・中立的な立場から進行をサポートし、合意形成を促す ・場の状態を把握し、必要に応じて介入する（適宜の質問、議論の整理等）	・参加者の主体性を促し、各自の経験・専門分野を尊重しながら多様な意見やアイデアを引き出す ・話し合いにおける相互作用のプロセスをより有効・有益にするための働きかけを行う
事務局	・事前のアジェンダ準備 ・タイムマネジメント ・議事録作成（各メンバーのタスクも記載）	・アジェンダをもとに、会議が滞りなく進行するようにサポートする

トップと幹部陣の間における目線合わせは一朝一夕にできるものではない。繰り返しコミュニケーションを取る中でピントやスピード感が合っていくものである。

おそらく、物事を早く進めたいトップからすると非常にもどかしい思いも感じるはずだ。しかしながら、自分と共通のビジョンや時間軸を持った経営幹部人財、言い換えれば自身の「分身」とでも言える幹部を何人育てられるかが、組織のステージを一段上げる上では最優先課題である。繰り返し会社の目指したい方向性や進む速度について共通認識を持つ場を設ける必要がある。

その一つの方法が、**経営会議の刷新**だろう。すでに何らかの「答え」を持った状態で運営されていた経営会議を、より多数の意見を取り入れ、幹部とともに答えを模索しながら運営される役員会にシフトチェンジしていくことは、有効な解決策の一つになり得る。それと同時に、経営会議のメンバーそのものも見直しを図りたい。

経営会議メンバーの構成を見直す際、本来なら参加要件にまだ満たないような階層のメンバーをどう引き上げるかも課題となる。将来の幹部候補の引き上げ方法として、**選抜教育の仕組みである「タレントサポートプログラム」**を取り入れるのも一つだ。「タレントサポートプログラム」とは、各階層から将来的な価値が高いと思われるポテンシャル人財を選抜し、直属の上司以外の幹部がメンターとなって、定期的なメンタリングを行う、と

■次世代幹部を育てる「タレントサポートプログラム」
〈リブ・コンサルティング社の事例〉

施策内容

・社員各層から選抜したメンバーに対して、直属上司以外のメンターが、定期的なメンタリングを行う

選抜要件

・入社1年以上経過のメンバー
・スキル/マインドの将来到達点が高いと予想され、かつ現時点でも期待レベルにある
・現時点の発揮価値と将来の到達価値のギャップが大きいと思われる

実施期間

・半期毎に見直す

メンタリングの内容

・毎月1回のメンターとメンバーとの面談(キャリア相談を含む)
・メンターと一緒に仕事をする機会の創出
・適切な業務アサインの調整

いうものである。日頃一定以上のパフォーマンスを発揮している社員ではあるが、その将来価値や本来のポテンシャルからするとまだ十分に力を発揮しきれていないメンバーを、より様々な角度から成長視点を与え、チャレンジングな仕事の機会を積極的に提供していくのである。

また、所属部門や担当事業領域の違いを超えて、会社として必要なマインド要件、スキル要件を能力開発していく学習プログラムとしての「企業内大学」を立ち上げ、会社の中核を担うリーダーの登竜門にしていく施策も有効である。当然、企業内大学におけるパフォーマンスの優劣も、その後の登用

や機会獲得の参考材料となる。

◆意思決定のあり方のルールを見直す

第二の問題点は、**責任と権限の不一致**である。以前は成長の波に乗りIPOを目指したこともある藤堂システムズだが、当時はそこまで至らなかった。藤堂社長はこの経験から、自身の独壇場ではなく、ガバナンスのきいた法人格になる必要性を痛切に感じている。だからこそ幹部に「事業部長」という責任あるポジションを与えているわけだが、目指すゴール地点に到達するスピードを重視するあまり、途中で口出ししてしまうのである。

つまり、与えている「責任」に見合うだけの「権限」を結局のところ委譲できていない。責任あるポジションが新設されたとしても実態としての権限が委譲されなければ、社員は責任を負う意味を見失い、結果、組織変革は進まない。

よって、この問題に対しても、経営会議における意思決定のあり方を見直すことで解決を図る必要がある。事業部長自らが現状の問題点、課題、それに対する有効な施策案を提示し、社長個人ではなく、共通の判断基準に基づいて判断していくことで、透明性があり納得度の高い事業運営スタイルに昇華されていくはずである。こうした経営会議のトランスフォームにより、徐々に本当の意味での「責任と権限の一致」が実現されていく。

◆内部外部人財の融合

第三の問題点として、**内外部の人財融合に向けた準備不足**があげられる。実は藤堂システムズは外部から経営管理を担える人財を採用しガバナンス強化を進める考えがあったのだが、内部人財との融合が上手くいかずガバナンスがきかないという状態に陥っていた。内外の価値観の融合にはお互いの歩み寄りが必要であるが、実力のある外部人財が能力を発揮しきれずに追い出されるケースは意外にも多い。

組織変革には痛みが伴う、その痛みを消化しきれない内部人財が外部から来た人財に責任を押し付け、自ら変革の芽を摘んでしまっていることが想定される。

こうした内部人財と外部人財の溝を埋めるために、先述した「タレントサポートプログラム」の中でのメンター役や、「企業内大学」における講師役を、外部人財に積極的に担ってもらうことも有効な手段と言える。

変革への取り組みフェーズ1：新たなステージに向けた経営体制づくり

藤堂社長の反省、そして決意

藤堂は改めて過去のことを思い返し、決意を新たにしていた。

「以前ＩＰＯを諦めたときは、ＩＰＯを目指すだけの実力が自社内になかったと思う。もっと言えば私が成長を焦り過ぎて、しっかりと組織体制をつくりきれなかったのが反省点だ。今、一緒に頑張ってくれている社員にとって、ＩＰＯにどのような意味があるのか、もっとしっかりと話さなくてはいけない。事業に対してより当事者意識を持って欲しいからこそ事業部制を採用した。もっと盤石な組織にしていかないといけないから、外部から積極的に幹部クラスの人財を採用してきた。ただ、いきなり上手くいくわけではない。各事業部長が出してきた事業計画はまだまだ未熟なため、ついつい口を出したくなる。とはいえ、やはり私一人の力だけでＩＰＯを実現させるのは難しい。もっと任せて、ときには失敗もしながら力を付けてもらおう」

過去ＩＰＯを諦めた社長の藤堂は、当時、失意の中で同時期に起業し一緒に切磋琢磨《せっさたくま》してきた友人のベンチャー経営者によく相談に行った。以来、ここ5年ほど自身のメンターとして様々なアドバイスをもらってきた。

「事業部制はどうだ？　何度も言っているように、いきなり上手くはいかないよ。だって今までお前が全て意思決定してきた会社だろう。突然、責任を持たされても、たいていの社員は困惑するばかりだ。でも、その中でも必ず見込みのあるやつは一定数出てくるはずだ。それまで何度も会社の目指すビジョンを言い続けたり、自分がいつもどういう思考回路で意思決定しているのか、ちゃんと伝え続けないとダメだ。そうでないとまた5年前に逆戻りしてしまうぞ。その覚悟は大丈夫か？」

今まで何度も言われてきたアドバイスだ。藤堂は新たに一つ決めたことがある。それはＩＰＯを実現する盤石な経営基盤をつくるために、役員会を刷新することだ。

社長の決意に覚悟が決まる遠藤

遠藤は、今日から新しいスタイルに変わった役員会改め「幹部会」に、とても驚いていた。まずは参加者の変化である。これまでごく一部の経営幹部しか参加できなかったものが、自分も含めて部門の責任者クラスが複数名参加できるように変わったのだった。これは大きな変化だ。

またその運営スタイルも、藤堂社長が改めて将来ビジョンとＩＰＯに向けた決意を語り、そして、各部門に対する細かい指摘ではなく重点方針に対する期待とアドバイスのみ、というものだった。今までのように、こちらの意見に対して否定的な態度を見せることもなかった。

社長からＩＰＯの話は何度か聞き、そのたびに結局形にならず中途半端で終わるという経験をしてきている遠藤は、今回の社長の話も途中までは「また気まぐれに終わるだろう」と話半分に聞いていた。しかし、今回ばかりは社長の本気が伝わってくるものがあった。

遠藤は未だかつて感じたことのないやる気をみなぎらせていた。

「社長がＩＰＯを本気で考えていることは分かった。とはいえ、いろいろと難題もある。先日、社長に紹介されたＣＦＯとＣＯＯの候補は優秀な人たちのようだが、今まで当社にはいなかったタイプだ。また現場と対立が起こるのは目に見えている。そうなると、現場から不満が噴出したり、それによって優秀人財が、能力を存分に発揮できない状況になってしまうんじゃないか……」

その後、大手システムインテグレーション会社で新規事業本部長を経験してきたＣＯＯと、

大手会計事務所で二度のＩＰＯ支援を経験していたＣＦＯが採用されることになった。しかし遠藤の懸念通りＣＯＯ、ＣＦＯ入社後のメンバーの反応は、ネガティブなものが多かった。

「また経営層に新たな人財が入ってきた。社長はやっぱりＩＰＯを目指しているらしい。前回のときのように、『あるべき論』を振りかざされ、自分たちのやってきたことが否定されるのかな。また、社内の雰囲気は悪くなるだろうな……」

「新しい人が入るたびに新しい方向性が発表され、新しいやり方が取り入れられて、一体いつまで経営陣の入れ替わりによる混乱に巻き込まれなくてはいけないんだろう……」

数名の社員が愚痴をこぼしているのを耳にする日が続いた。

しかし、社長の決意に後押しされる形で、遠藤も自身の役割に覚悟を持つようになっていた。

「今回の社長の決意は固い。ＩＰＯ自体は自分たちにとってもポジティブな側面が大きい。だからこそ新たな目標に向けて一致団結して頑張りたいと思っている。今回のこの体制で確実にＩＰＯ準備を進めていけるよう、自分が新しい経営層とメンバーとの緩衝材になっていかなくてはいけない」

その後、遠藤は緩衝材としての役割をこなすべく、現場と外部から来た優秀な幹部との橋渡し役として奔走した。

トップレビューによる社長と幹部との課題のすり合わせ

藤堂社長の新たな取り組みは続いた。幹部会も定着してきた中で、次の半期を向かえるタイミングで、「トップレビュー」というマネジメントスタイルを取り入れたのだ。

トップレビューは月に1回行われる、社長と部門長の1対1によるミーティングだ。今期の戦略方針や事業計画の進捗を確認しながら、今取り組むべき課題は何かのすり合わせを行う場である。

重要なのは、社長が指示命令を出す場ではない、ということだ。あくまでも部門長自らが現状を定量的、定性的に報告し、それをどう捉えどう改善していきたいと考えているかを相談することが基本となる。社長はあくまでも客観的にアドバイスする立場を貫き、部門長自身に意思決定をさせなくてはならない。

「この3か月で、ＫＰＩに設定してた半期の新規アカウント開拓目標の60パーセントまでクリアすることができています。新規の顧客開拓は順調にできています。一方で課題は、新規契約顧客の稼働率です。契約後の利用頻度があまり高まらず、このままでは1年後、解約が増えてしまうのではないかと懸念しています」

「なぜ、稼働が高まらないと思う？」

「そうですね。一つはＵＩの問題でしょうか。ユーザーにとって、パッと見てすぐに使いこなせるようなシステムとはいえないのかもしれません。初期の導入研修などサポート体制を強化する必要があるでしょうか？」

「うん、そうだな。それも一つだが、まずはユーザー目線で具体的にどこに使い勝手の悪さがあるのか、きちんと把握することが必要なんじゃないか？　クライアント先数社にインタビューでもしてみたらどうか」

「そうですね。それは必要ですね。早速、開発と営業のメンバーに相談し、具体的問題点を明確にするためのクライアントインタビューを実施したいと思います」

　最初は頼りなかった遠藤の報告や相談も、最近ではＫＰＩに基づいた的確な報告と問題の抽出ができるようになり、議論すべきテーマにずれが生じにくくなったように思う。

　このようなマネジメントスタイルが定着していけば、自分が目指すスピードで成長していくこともＩＰＯの実現も、きっと夢物語ではなくなるはずだ。

　社長の藤堂はそう自信を深めていた。

変革への取り組みフェーズ2：会社の中核を担うリーダーを選抜プロセスにより引き上げる

幹部陣の意識変容が会社にポジティブな変化をもたらす

「最近の幹部会は以前よりも建設的で価値のある議論ができるようになってきたし、重点方針やＫＰＩが明確に運用され、意思決定のスピードを上げることができている。遠藤もＣＯＯやＣＦＯに協力を仰ぎながら成長しようと頑張っているし、事実、遠藤が自らの意志を持った事業戦略を描けるようになってきて頼もしい」

社長の藤堂は幹部会で話される内容の変化を肌で感じ、ＩＰＯへのたしかな手ごたえを感じながら、次に必要となる打ち手について考えていた。

変わったのは幹部会だけではない。各事業部会議やチーム会議でも、会議のアジェンダや報告のフォーマットが用意され、重点アクションやＫＰＩを週次で確認する土台が整い始めていた。毎回、決定事項の進捗とリカバリー策を合わせて報告する必要があるため、各々が計画を立てて活動し、振り返るというＰＤＣＡサイクルがまわるようになってきていた。

こうした変化は、事業部長たちにリーダーとしての責任意識が芽生えたことが大きい。ひとたび自覚すると、正しいマネジメントを学ぼう、取り入れようという積極的な意識が働く。これまでは、新しいやり方を押し付けられるのを嫌がっていたメンバーも、目的を理解しやるべきことが分かれば、行動は変えられるのだ。

次世代幹部の育成、内部からCXO人財が育つ仕組みづくり

「以前に比べて『組織』としての体を成し、幹部陣に権限を委譲できてきている。幹部陣だけでなく、チームメンバーにも主体性が生まれ、次世代リーダーになり得るメンバーにも目星がついてきた。IPO後も事業を継続的に成長させる上では、もう何名か幹部が育って欲しいが、今後は自社のDNAやマインドが分かっている内部の人財が活躍できるようにしていきたい。遠藤には今かなり無理をして能力を一気に引き上げてもらっているので、もっと計画的に育成していく仕組みをつくっておきたいものだ」

社長の藤堂は、最近の会議や幹部陣からの報告を聞く中で、内部からCXO人財を生み出せる育成を進めていきたいと考えるようになっていた。そこで短期間で事業部長へと成長していった遠藤に、どのような内容の教育や機会があると良いか考えてもらうことにした。

「内部からCXO人財が育つ仕組みには、事業責任者の疑似体験をさせておくことが大事なん

じゃないか。自分のケースを振り返れば、売上・利益責任を負い、自分で意思決定を下していく、と言葉で聞いてイメージしていたことと、実際に経験したことには大きな差があり、その場に立ってみて初めて気づくことも多かった。何をどう、どこまで自分で判断したらよいのか、そこに一番戸惑った覚えがある。なので次世代の幹部候補を育てるには、事業部横断のプロジェクトや、新事業を任せていくなどのチャレンジの機会があるといいんじゃないか。また、長くいればいる程、自分の持っているスキルや価値基準が藤堂システムズ独自のものに凝り固まってしまうため、なるべく一般的なスキルや判断基準を学べる場としてCOOやCFOにメンターの役割を担ってもらって進められるとよさそうだ」

遠藤は自身の経験を振り返り、次世代の幹部候補に任せるプロジェクトを用意し、疑似的な事業責任者を経験させる仕組みと、COOやCFOにメンター役を担ってもらい、フラットな意思決定ができる土台をつくっていく仕組み「タレントサポートプログラム」を提案することにした。

「いいんじゃないか。たしかにいきなり事業責任者になっても、そもそも自分で意思決定をする経験を持っていなければ、どうやって意思決定をしたらよいのか戸惑うのも分かる。まずは提案してくれたように、何かしらのプロジェクトを任せてみるのはいいかもしれない。その中で、ある程度権限を持たせて意思決定の重みややりがいを経験してもらおう。それに、メンター制度も面白いな。直属の上司以外からアドバイスをもらえる機会は、スキルの幅を広げる上でも効果的だろう」

社長の藤堂は、遠藤の提案を前向きに受け入れてくれた。

「遠藤さん。今回は僕をタレントサポートプログラムに推薦してくれてありがとうございます。でも、今回新たなエリア展開のプロジェクトリーダーを任せてもらって、事業部長の仕事って大変なんだなって、すごくよく分かりました。分からないことだらけの中で目標設定して、予算やら人の問題やら、たくさんのことを意思決定して、メンバーをリードしていかなくちゃならないし……すごく責任の重さを感じています。一方で、こういった機会が今までなかったので、CFOにサポートいただきながら新しいチャレンジを楽しんではいますが」

と、カスタマーサポートのリーダーが笑顔で報告してくれた。

藤堂が覚悟を決めたIPOという高い目標設定が契機となり、外部人財の登用でガバナンス強化することで、個人商店から法人格への生まれ変わりを遂げた。また、幹部陣が率先して内外部の融合を始め、遠藤が現場社員との緩衝材になることで大きな変化に対する社員の不安や不満を解消していった。こうして全社員が一致団結してIPOに向かって進むことができるように、組織として変革を遂げていったのである。

終わりに

藤堂システムズの変革は、もともと権限委譲しきれない社長と、事業責任を負わない幹部との対立に端を発していた。優秀な幹部陣がいない、もしくは外部から登用しても上手く活かしきれず、辞めてしまうということを何度か繰り返していた。高い目標を描きながらも成長が鈍化している企業にとっては、今回のケースは非常に共感できるところが多いであろう。

ただし、このようなステップを踏む際には、藤堂システムズの事例を踏まえ、以下のようなことが大切になる。

①トップと幹部陣との間における時間軸の目線合わせを行う

社員が現実感を持ってその目標を捉えられないために「他人事」になり、結果計画倒れに終わってしまうケースが多い。この状態が続くと、掲げた目標に誰もコミットしない目標未達が当たり前となり、組織風土も悪化する一方である。これを避けるためには「何のためにやるのか？」というミッション・ビジョンのすり合わせ、目標達成の先に「実現したい世界観」の具体的なイメージを共有し、この「実現したい世界観」に対して社員がワクワクし一緒に実現したいと思うことが有効となる。

一方、この手の話は社員全員が集まる全社会議等で一度話されて終わるケースも多く、形骸化しやすい。個人の目標設定とミッション・ビジョンをつなげることや、ミッション・ビジョンに即した仕事を表彰する制度の導入、日々のコミュニケーションの中に織り込んでいく等、定期的にリテンションしていかなければならない。

②内部外部人財の融合のステップ

先にも記したが、内部外部人財の融合は一気には起こらないため、経営幹部から融合を始め、お互いが信頼感を持って成長戦略実現のための仲間として建設的に議論ができる関係性を早期につくることが重要となる。

特に内部から登用された経営幹部が要となり、外部人財と社員との溝を埋めていく役割と、社員の考え方を引き上げていく役割の両方を担うことが望ましい。内部から登用された経営幹部自身にも新たな成長を求められながら、この役割を担っていくため大きな負荷がかかる。この状況を乗り越えるためには、経営幹部以下のマネジメント層の巻き込みが重要だろう。自分と同じ役割を担う者を増やし、徐々に全社員に広げていくというステップを踏めると良い。

③選抜プロセス・選抜教育の仕組み化

最後に、①②が上手く機能するためには人財育成の仕組みづくりが不可欠だ。社内で成長意欲の高いメンバーが思う存分挑戦することができる環境があること、その発揮場面として選抜プロセス・選抜教育の仕組みがあると、将来幹部の育成に効果的である。

選抜プロセス・選抜教育においては、「平等」の考え方ではなく「公平」の価値観が基本となる。「公平」とは、全ての人に対し、機会が均等に与えられながら、成果を上げた者が評価され、報われるシステムとなっていることである。全員を「平等」に評価するのではなく、頑張ったものがより高く評価されることが「公平」の考え方だ。

こうした基本方針のもとで、内部からも次世代のリーダーを引き上げていくことができれば、成長は盤石なものとなるだろう。

モンスター組織

CASE 05

MBA新社長の戦略独走組織

二代目MBAホルダー社長が施した急激な戦略転換が生み出す組織のひずみ解消

～パイロットチームの組成による小さな成功事例創出からの全社展開で新たな戦略を浸透させる～

登場人物

①二代目社長：松本 一也（43歳）

・海外留学してMBAを取得した後に入社
・財務出身で、意思決定に関する話が好き
・アイディアマンで何よりもスピードを重視するタイプ
・新しい価値観をどんどん取り入れていきたいと考えている

②事業部長：井上 勇二（51歳）

・営業の統括責任者
・トップセールス、新規飛び込み営業の鬼。初代社長に付き従ってきた
・プロセスを重視、現場の気持ちを何より大切にする
・物事はゆっくりじっくり決めて進めていきたいタイプ
・昔から大切にしてきた文化を守っていきたいと考えている

■イントロダクション■

法人オフィス用品のレンタル・販売を行う松本商事。近年、テレビ会議システムをはじめとするIT商品により順調に成長を重ねてきた松本商事は、現在、売上450億円、社員数約900名の規模にまで成長した。

今年、創業43年を迎える松本商事に、大きな変化が起ころうとしていた。海外留学しMBAを取得してきた、現会長（初代社長）の子息である松本一也が、二代目社長に就任したのである。松本商事は、会長の目利きによる商品開発力や営業力が原動力となり、順調に成長してきた会社である。しかし、今後は市場縮小を余儀なくされており、今のやり方だけでは立ち行かなくなることが目に見えていた。そのため会長は、息子が新しい風を巻き起こせるよう、留学の機会を与えた上で社長に就任させたのである。

変革前の松本商事

MBAホルダー二代目社長の就任

「わが社がこれから勝ち残るには、営業のやり方を革新しなくてはならない。欧米で最先端の手法である新しい方法を採用すれば、事業計画シミュレーション上でも、売上成長率は倍以上違うという明確な結果が出ている。しかし社員たちは、本当にこの戦略の意味を分かっているのだろうか……」

松本は社長就任後、ＭＢＡで学んだ手法を営業組織に取り入れようとしていた。これまで松本商事は新規顧客開拓を中心としたセールスを得意としていたが、今後、新規開拓ができる先は限られてくる。

そこで、提供する商品ラインナップを大幅に拡張し、既存顧客へのＣＲＭを強化するため新たなツールを導入し、売上向上を図る戦略を描いていた。

松本は、留学前、管理系の責任者を任されており、財務系の知識は抜群であった。数年ではあるが営業経験もあり、そこに欧米流の最先端ツールと戦略を取り入れれば、会社を改革できると確信していた。また松本は、改革を行うためには社員のスキルを強化しなくてはいけないと考え、教育研修についても新たな内容を導入していった。

「過去の価値観はどんどん壊していかなければならない。新規顧客ばかりを求めるセールスは時代遅れ。既存のお客様から感謝いただく機会を増やすことがこれからの時代には必要だ。そしてこの改革を成功に導くにはスピードが全てだ。どんどん新しいことを取り入れて、会社を次のステージに導いていこう」

松本は常にこう考えていた。

過去の成功体験から抜け出せない現場

「もうこんな時間なのに、半数以上の社員が仕事をしている……」

営業部門を率いる部長の井上勇二は、腕時計を見ながら、営業スタッフたちを心配そうに見ていた。

「社長がやりたいことは分かる。しかし、ツールを入れたからといってすぐ成果を出せるわけではなく、長い時間がかかる。一方、営業部としては毎月の業績は是が非でも達成しなくてはならない。将来のことも大事だけど、数字が落ちては元も子もない。会長時代から大切にしてきた我々の強みを捨てるわけにはいかないし、何より、数字を上げるためにはこれまでのやり方を捨てるわけにはいかない」

部長は、そう考えながらため息をつく。

「井上部長、お願いしていた資料はできましたか？」

松本から井上へ声がかかる。改革のためにスピードを何より重視している松本からは、どんどん新しい指示が出る。一つこなしているうちにまた一つ。会議時間も増え、井上の疲労はピークに達していた。

一方、現場は井上以上に疲弊していた。

「今日もまた社長の欧米の話か。うちは外資系ではないし、何かが違う感じがするんだよな。それに数字の話ばかりで、現場のことを本当に分かってくれているのだろうか」

全社会議の後に、ある社員が口にする。

「そもそも、新規のお客様を開拓しながら、既存のお客様へのフォロー活動もするなんて無理があるよ。最近、研修やら会議やら何かと時間を取られるし……。まあそんなこと考えるより、今日もやること満載だから、早く仕事に戻ろう」

また別の社員が口にする。

ここ最近、営業メンバーは遅い時間まで残業することも多く、社歴の浅いメンバーを中心に、不満を持って退職するメンバーも発生していた。毎月の目標数字は達成しており、一見順調のようには見えるが、実態としては社長の描く戦略を実践しているとは言い難く、皆、疲弊しきっていた。

次第に、会社の数字を支えるベテランメンバーにおいても退職者が発生し始めた。そのような風潮の中、モチベーションを落とすメンバーも多く、お客様へのＣＳ意識が高まるどころか、逆に以前より薄れてしまったのである。

解決すべき課題と対策の方向性

◆対立構造の整理

欧米流の手法を導入し、新しい風を巻き起こしたい社長と、やるべきことに追われ、疲弊している営業部隊。新しいことをやろうと躍起になっている人と、それについていけずに立ち止まってしまう周囲、という構図が生じている。

過去の価値観を壊そうと新たな手法を導入したとしても、目の前の業績目標に目がいっている営業部門では、以前のやり方の方が着実に成果につながるという意識から、なかなか行動を変えることはできない。

改革にはスピードが大切という社長の考えの一方で、社長の指示によって、やるべきことが溢れてしまい、どんどん現場が疲弊してしまっている。要するに、「現在価値の最大化」に動こうとする営業部門と「将来価値の創造」にも力を入れたい社長との間で、大きな溝が生まれているのだ。

対立構造

松本社長	VS	井上事業部長
海外留学しMBAを取得した二代目社長	⟷	先代社長の時代から営業でトップ成績を誇り事業責任者に
データに基づく意思決定を好む	⟷	人の感情を重視するタイプ
海外のデジタルツールを使った戦術の導入にこだわる	⟷	これまでの実績から自分流のやり方に固執してしまう
よりスピーディな事業運営と「将来価値の創出」に向けた取り組みを進めたい	⟷	「現在価値の最大化」への意識が強く、目の前の成果創出の活動で目一杯な状態

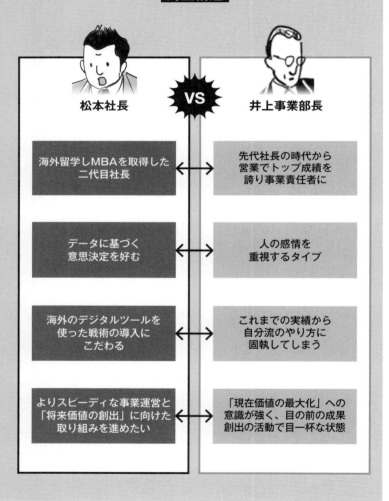

◆**パイロットチームによる成功事例創出と、そこからの全社展開**

現状の第一の問題点は、**将来への危機感の不足**である。松本商事の場合、現状で倒産の危機があるわけではなく、見ている視野の違う社長と社員では、危機意識に大きな差があると想定される。社員によって差はあるだろうが、変革への動機を持つ社員は少ないと考えられる。

第二の問題点は、**新戦略による成功事例の不在**である。松本商事にはこれまで成果を重ねてきた確固たる手法があり、それが今でも有効である一方で、新たな手法はまだ成果が出るかどうかが明確でない。それゆえ社員はどちらも両立させようとせざるを得ず、やるべきことが溢れてしまい、結果的に短期成果を出すことを重視し過去の戦略にとらわれてしまっている。

加えて、変革に対する心理的ハードルもある。先代社長に付き従ってきたベテラン社員は、新たに打ち出された施策が昔の古き良き文化を壊してしまうのではないかという不安を持ち、変革に対し、後ろ向きなイメージを持っている可能性が高い。

従って、これらの問題点を解決するためには、正しい将来への危機感を持ち、成功するイメージを持って変革に取り組む先陣部隊の存在が必要であろう。将来への危機感の不足

■パイロットチームの組成による将来価値の創造

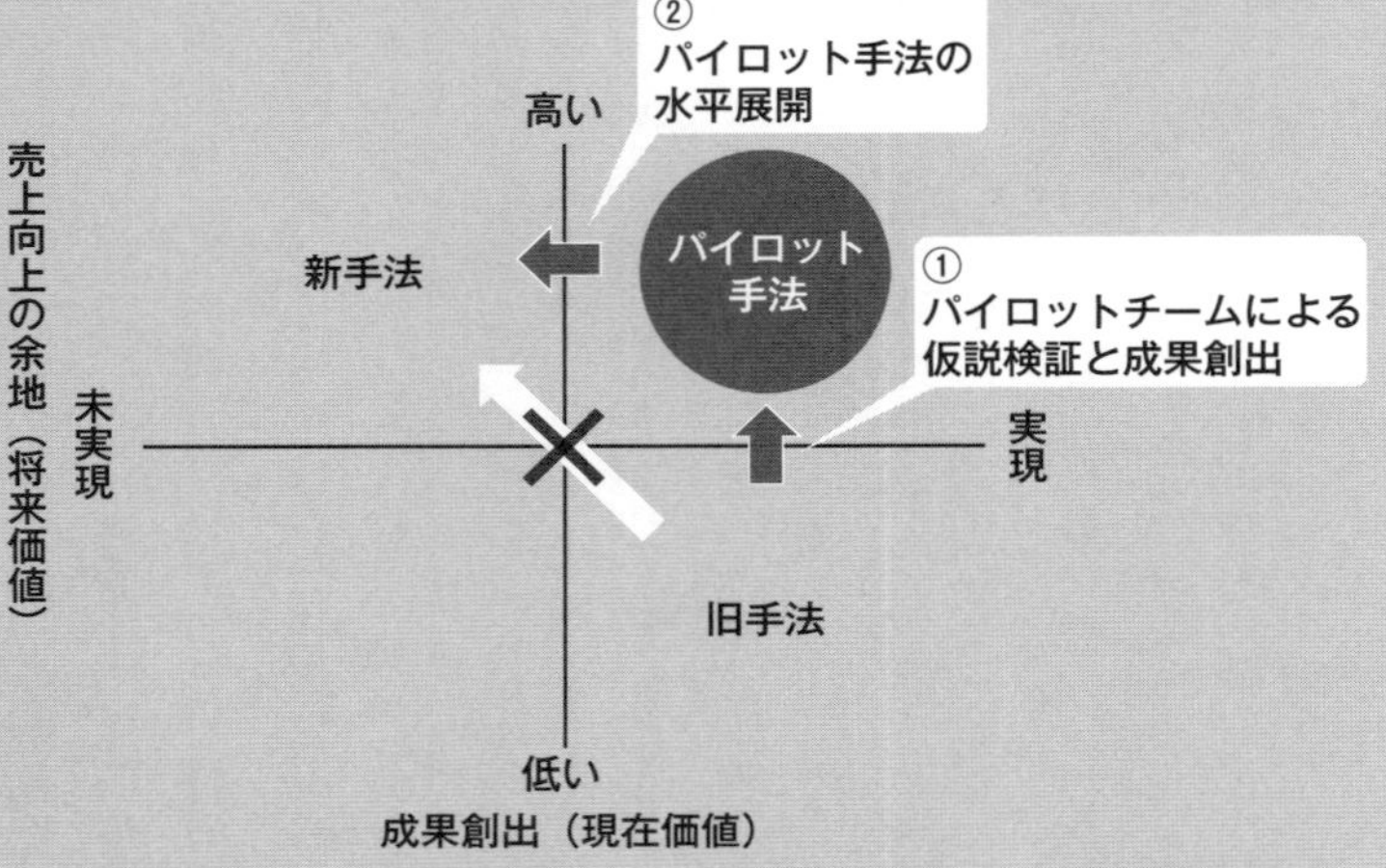

には個人差があるため、営業部隊の中で、すでに新規顧客が減り危機感の強いメンバーや、社長の想いに共感しているメンバーなど、少数でよいので、変革への動機を持ちやすいメンバーを集め、**パイロットチームを設立**する。このチームにおいて、「新戦略による成功事例の不在」を解決すべく、成果を創出することが第一ステップとなる。

既存顧客からの売上を伸ばすためには、例えば、新商品を追加販売する際に対象となる他部署の担当者を紹介してもらうため、紹介営業手法を身につけることが肝となるかもしれない。また、紹介を受けようにも既存顧客の満足度が低い状態では協力が得られないため、人間関係の再構築が肝となるかもしれない。このような点を一つひと

■将来価値創造のステップ

STEP 01	**パイロットチームによる新たな勝ちパターン創出**
	※各種セールスルート、対象におけるセールスステップの立案 ※パイロット活動による勝ちパターン模索 ※パイロット活動における成功パターンの抽出
STEP 02	**営業における新たな勝ちパターンの標準化**
	※全社展開する営業パターンの選定 ※営業マニュアル、営業ツール、標準マネジメントツール等の作成
STEP 03	**新たな勝ちパターンの全社展開**
	※全社への落とし込みに向けた展開方針立案 ※勝ちパターンを全営業部隊にインストール(営業研修の実施) ※活動成果の定点観測と改善

つ明確にしながら、現場上で成果を出すポイントを見出していくことがパイロットチームに求められる。

なお、その際に注意しておきたいのは、過去の戦略において何をコアバリューとして残し、何を捨てるべきかを明確にすることである。特に、やるべきことが溢れる状況を解決するには、捨てることの明確化が大切となるが、今回のケースでは、残すことの明確化が心理的ハードルを解除する上での鍵となる。

そして変革の次のステップとして、**成果事例を武器に携えた上で、変革に対する心理的ハードルを持つメンバーを巻き込むフェーズ**に移っていく。松本商事の主流であるだろうこの層を変革するためには、過去を尊重するスタンスを見せながら、じっくり話し合い、過去と未来を融合する作業が必須となる。欧米企業のように、人を次々と入れ替えることで変革のハードルを解除できる場合とは違い、伝統的な日本企業である松本商事においては、これまで会社の成長を担ってきたベテラン社員の意識を革新できるかどうかが肝となるため、以上のようなアプローチが有効であると考えられる。

変革への取り組みフェーズ1：新手法のパイロット展開

二代目社長を中心としたパイロットチーム編成

「たしかに、井上部長の言う通り、私の構想している内容を現場で実際に実行することは、今の営業組織では難しいということはよく分かった。外部のコンサルタントに入ってもらい、営業担当への動向やヒアリング、行動調査等によって現場の実態を見てもらったが、井上部長の主張も、もっともな結果だった。いきなり全員に新しいことをやってもらうことは無理なので、まずはパイロットチームの編成を井上部長と相談してみよう」

社長の松本は、そうつぶやいた。松本は、自らが考えた構想を実現しようと、井上部長以外にも、営業スタッフに実際のところどうなのかと話を聞いてみたり、いろいろと試みたが、なかなか要領を得なかった。そこで、外部のコンサルタントに入ってもらい、客観的に自社の営業組織がどうなっているのかを見てもらったのだ。

結果は、おおよそ井上が話をしていた通りではあったが、外部の客観的な調査結果が入ることで、自身のプランの実現性が低いということを改めて理解したのである。そして、まずは取り組みを小規模でスタートさせるよう計画を練り直したのであった。

「パイロット展開をするメンバーの構成はだいたい決まった。ある程度力量を持っていて、かつ新しいことにも進んで取り組んでくれるメンバーを、井上部長とも相談して人選した。彼らならば、会社の未来をつくってくれるだろう。そして、井上部長にもこのプロジェクトには参加してもらおう。最終的には彼が会社を変えるキーマンだから、これから取り組む内容を一番に理解してもらう必要がある」

社長の松本はこのように考え、パイロットチームを編成した。ここから、松本商事の新しいチャレンジが始まったのであった。

新たな取り組みに不安を感じる井上部長

「パイロットチームか……。私は入らなければいけないとは思っていたものの、いざ入るとなると、面倒だ。社長がやろうとしていることは、いまいち現実性がない。本当に成果が出るものだろうか。むしろ、やってみて、やはり上手くいかないという結論になっても、それはそれでいいかもしれない」

部長の井上は、パイロットチームのキックオフミーティング前、こう考えながら仕事をしていた。事前に社長とさんざん話をしていた井上ですらこのような心理状態であり、参加するプロジェクトメンバーの不安、抵抗感は、より強いものがあった。

しかし、後に開かれるキックオフミーティングにおいて、彼らの意識は少しずつ変わっていくのである。

キックオフ会議後、徐々に動き始めるメンバー

「うちの会社が、3年後の市場を考えたときに、そこまで大変なことになるとは思っていなかった。なんとなくそういった情報は聞いたことはあるけど、今日の社長の話は鬼気迫るものがあったし、よくよく考えてみれば、現場でもちょっと感じていることではある。俺たちが会社を変革するために社長に任命されたのだし、ここは一つ、頑張って取り組んでみようか」

井上の部下である山下と田中は、周囲のメンバーと食事をとりながら、話していた。キックオフミーティングでは、社長から具体的な取り組みの話がある前に、現状の危機感を共有するということに焦点を当てて、皆で話し合いをした。

全社の中でも、もともと危機感を持っていそうで、かつ変革への取り組みをしやすいであろうメンバーを集めていたということもあり、また、皆で3年後の未来の予測データを見ながら未来を語り合う中で、今のままでは生き残れないのではないかということを強く実感したのであった。

「意外なことに、皆、やる気になったみたいだ。現場のメンバーがあれほど危機感を持っているとは思っていなかった。日頃からあれくらいやる気を出してくれれば、成績だってもっと上がるはずなのに……。まあ、とりあえず社長から言われたことはやっておくけど、この取り組みは、本当に意味はあるのだろうか。今まで俺が考えてきたこととは、全然違うことだから、いまいちよく分からない……」

部長の井上は、社長の方針に対するメンバーの反応を見て、一定の共感は得たものの、半信半疑の状態であった。

パイロット展開により成功事例をつくる松本社長

「今日の会議の中で、一番やる気がありそうだったのは、あの二人か。一方で、まだいまいち乗り気になれていないメンバーも多かったな。社内から厳選したといっても、やはり差は生まれるものだ。まずは、一番動いてくれそうな二人を、私も徹底してサポートをしていこう」

社長の松本は、キックオフミーティングを振り返って、こうつぶやく。社長の考える通り、パイロットチームの中でも、取り組みに対する意欲には温度差があった。まずは成功事例をつくることが大切であると考え、山下を含む意欲の高かった2名に、個別サポートを行うことにした。

「パイロットチームの取り組みは、3か月という短い期間であるが、どれだけ成果をつくれるかが勝負だ。次のミーティングは2週間後だが、そこまでに小さくてもいいから成果が欲しい。特に、山下君と田中君。この二人はかなりやる気になっていたようだから、井上部長からも、是非サポートしてあげて欲しい」

社長の松本は、井上部長にこのように伝えた。パイロットチームとはいえ、何かしらの成果が見えないと、メンバーのモチベーションが続かないということはよく理解していたのである。そこでキックオフミーティングにおいても、2週間の活動で見える小さな成果を設定したのであった。

「山下と田中？　二人は正直、あまり成績は良くないし、他のメンバーたちと比較しても、営業力は劣っているのではないだろうか……」

部長の井上は、疑問を持ちながらも口には出さなかった。

しかし社長の松本は、今回の取り組みは過去のやり方で成功している人＝現在のトップセールスでない人の方が、成功するのではないかと感じていたのであった。

小さな成果がパイロットチームに波及していく

「社長がおっしゃっていただいたことを、現場に落とし込んで取り組んでみました。そうしたら、予想外にお客様からの反応が良かったです！　まだ具体的な売上につながったわけではないですが、これを3か月続けられれば、成果が出る兆しは見えたような気がします」

パイロットチームでの会議で、山下はこのように発言した。前回の会議から2週間、山下は現場でいろいろと工夫を重ねて、取り組みをしていたのであった。2週間という短い期間であったが、行動に移したのである。途中、部長の井上にも相談を持ち掛け、ヒントをもらえたことも大きかった。

部長の井上もはじめのうちは、あまり本気で考えてくれない感じもあったが、山下が本気で取り組もうとしている姿勢を見て、少しずつではあるがアイディアを出してくれるようになってきたのであった。

「山下さん、その取り組み、どのようにやったのか、もっと聞かせてもらってもいいですか？正直、どう取り組んでいいのか、まだあまりイメージが持てていないので」

他のメンバーから声があがる。実際、この2週間でまともに活動をできたのは、山下くらいであった。他のメンバーは、いろいろと考えて手を止めてしまったり、既存の業務も多々あるので新しい取り組みのことなど忘れていた、というメンバーが大半であった。はじめのキックオフの取り組みとして、全体的な活動状況は決して評価できるものではなかったが、山下の頑張りは、チームとして新たな学びにつながったのである。

全社に広げるための成果を創出するパイロットチーム

山下が小さな成果を残してから、パイロットチームの活動は、大きく変化していった。皆、やれば成果につながるということが分かり、かつ現場での具体的な動き方も分かり、個人個人が創意工夫をしながら取り組みを進めたのであった。

パイロットチームメンバーは、週に1回集まりじっくりミーティングをしつつ、ミーティングの場以外でもオンラインでのコミュニケーションの場をつくることで、それぞれの活動を共有し合った。山下だけでなく、様々なメンバーが新たなチャレンジを行い、上手くいったこと、上手くいかなかったことを含め共有し合った。

それにより、チームとしてのＰＤＣＡが早期にまわり、かつメンバーの意欲も相互間に高めることができた。その結果、通常の部門が3か月かけて活動する成果よりも、約2倍の実績を出すことができたのである。

変革への取り組みフェーズ2：新手法の全社展開

全社への展開方法を模索する井上

「はじめは半信半疑であったが、パイロットチームの実績はなかなかのものだった。ただし、これは山下と田中がいたから成り立ったものだ。個人の能力があったことが前提であり、全社へこのまま展開しても上手くはいかないだろう」

部長の井上は、これまでの展開に一定の手ごたえは感じているものの、全社への展開にはまだ否定的であった。そのような想いを知っていたかのように、社長から、全社へ展開するにはまだまだハードルがあるが、井上部長はどう考えるか？　と、問いかけられた。

「全社に展開するためには、山下や田中のセールス力をしっかりとノウハウ化することが必要だ。新しい手法のマニュアルや研修プログラムをつくることは彼らに担ってもらうとしても、本当にそれだけで上手くいくだろうか……。何が自分の中で引っかかっているのかよくよく考えてみると、一番は、手法よりも現場での時間の使い方に問題があるということかもしれない。

パイロットチームのメンバーは、ある程度既存の仕事を制御して、新しい取り組みをさせていたから成り立ったが、全国のメンバーとなるとそうはいかない。ただでさえ現場は疲弊しきっている状態の中、新たな取り組みはやはり難しいのではないだろうか……」

パイロットチームの展開の当初、井上は前向きな意識ではなかったが、チームの取り組みを通じて実際に現場メンバーが変化していく姿を見ることで、会社の将来にとって価値のある取り組みだということを無意識のうちに気づいていた。依然として批判的ながらも、山下や田中に引っ張られて、少しずつ前向きな考えをするようにはなってきたのである。松本社長の思惑が、見事に功を奏したと言える。

しかし、井上部長の心配は正しく、全社メンバーが新しいことに使う時間がない、という壁があることは、実際に大きな問題であった。パイロットチームメンバーが取り組む際には、これまでの担当顧客を他の若手メンバーに引き継ぐなどして、新しいことに取り組む時間を創出することができた。しかし、全国のスタッフとなるとそうはいかない。採用難で営業スタッフの増員もそれほどできていないし、出来ていてもまだまだ仕事を任せられない若手が多く、業務の割り振りがすぐにできるわけではない。忙しさに追われているという状況は、以前から変わっていなかった。

現場の負荷を減らすための施策

「うちの営業現場は、昔ながらのアナログな世界です。デジタルツールを取り入れることによって、営業スタッフの業務負荷を減らしてあげることができれば良いのではないでしょうか」

井上部長が山下や田中と打ち合わせをしていたところ、山下からこのような意見があがる。

たしかに松本商事は老舗企業であり、かつ業界全体的にもアナログで昔ながらの営業スタイルが求められることもあり、あまりデジタル化への取り組みは進んでいなかった。ベテラン社員も多いため、デジタルツールを導入してもどうせ使いこなせないだろうと、はなからツールの導入を諦めていたこともある。

「全国の営業スタッフの行動調査を行いましたが、営業スタッフの負荷業務を減らすためには、彼らが日々お客様の現場へ訪問して案内している新商品の紹介などを、デジタルツールを使って簡易化することが有効です。また営業スタッフの日報から時間の使い方を分析しましたが、やはりここに大半の時間を使っていることが分かりました。新商品の案内を行うことは、新たな営業手法を展開する上でも非常に重要なことですが、営業が時間をかけるべきターゲットと、そうでないターゲットを分けることで、抜本的な生産性改善が可能です」

その後、井上は外部のコンサルタントから、このようなアドバイスをもらっていた。

「たしかに、既存顧客からの売上を高めようと戦略を立てても、全ての顧客で売上が高まるわけではない。むしろ売上が高まる可能性のある顧客は、営業難易度が高かったり、競合他社も多数いたりするため、営業スタッフは対応を避けがちになり、仲の良い顧客の訪問ばかりしてしまう。営業スタッフの気持ちを考えると、お客様を選別するということはやりたくないが、合理的に考えれば、ある程度の強弱は付けていくことが必要だろう」

井上はそう考え、全社展開へ向けての一歩を踏み出した。

具体的には、最新のデジタルツールを利用して、既存顧客における重点ターゲットを選定する機能や、低ランクターゲットに対してはデジタルでの案内と電話フォローもしくはWEB会議を行うことで満足度を高める体制を構築した。新手法の導入に際して、負荷が増えるだけではなく、効率も上げながら新しい手法も導入することの両立を実現したのである。

全社への展開

「やっとここまで来たか……長い道のりだったが、井上部長のおかげで何とか全国の皆に、この取り組みを広めていけそうだ。とはいえ現場メンバーには、私ではなく先代社長に従ってきたベテランメ

ンバーも多い。過去の戦略を否定するだけじゃなく、大切にすべき点もしっかりと説明しよう。そして何より、パイロットチームメンバーの言葉で、新しい手法を全国メンバーへ広げてもらおう」

社長の松本は、全社営業スタッフへ向けた研修の前、このように考えていた。実際に全社への研修においては、社長からの話もあったが、井上部長やパイロットチームメンバーからの発表がメインであった。3か月間、現場で実践して成果が出た内容であり、かつ自分たちと同じ立場の営業スタッフが取り組んだ具体的な内容は、社長が話をするよりも何倍も効果があった。

こうして、全国スタッフにおける取り組みが始まった。ただし、当然ながらすぐに成果が出るわけではない。そこで全体の活動促進のために、パイロットチームメンバーが活躍をみせた。パイロットチームメンバーがそれぞれフォローする支店の担当を持ち、月に1回程度、現場のサポートにまわったのである。実際に取り組んで成果の出ているメンバーであり、かつはじめにどんなことで躓《つまず》くか分かるため、現場の気持ちを捉えつつサポートをすることができた。

さらに事務局からも、定期的に全国スタッフを集めて研修を開催し、取り組みにおける成果事例をピックアップして、該当支店から発表してもらったり、ベストプラクティス事例として、社内通信を配布したりした。こうした取り組みも功を奏し、はじめは懸念されたデジタルツールの活用も、何とか全国スタッフに浸透された。

社長の松本が、トップダウンで進めようとしていた新たな営業手法は、最終的には、現場スタッフが自主的に高いモチベーションを持って取り組むようになった。社長が何も言わずともＰＤＣＡをまわしながら、大きな成果を獲得できる組織として変革を遂げていったのである。

終わりに

松本商事の変革においては、パイロットチームを組成し、実際に現場メンバーを巻き込みながら小さな成果を出すことができたことが、とても大きかった。このようにパイロットチーム展開から全国展開へと取り組むことは、変革を拒む風土の組織を変えていくのには、非常に有効である。ただし、このようなステップを踏む際には、松本商事の事例を踏まえ以下の点が大切となる。

①パイロットチームにおけるメンバー編成

松本商事の事例でもあったように、メンバーの編成はとても重要な要素である。将来への危機感を持っており意欲的に取り組んでくれるであろうメンバーを選定することが大前提だが、それに加え、売れているメンバー＝新しい手法でも成果を出せるメンバーとは限らないことに注意する必要がある。過去の手法と新しい手法で、求められる能力は往々にして異なるため、それを見極めた上での人選が必要となる。また、最終的に全国へ展開する際のキーマンとなるものの心理的ハードルを持っているであろう人を、早い段階から巻き込んでしまうこともポイントとなる。

なお、そのようなキーマンが多く存在する場合は、全員を巻き込むと、パイロットチーム自体の取り組みが進まなくなる恐れがあるため、途中途中で報告会を設け、その際に意見を求めながら巻き込んでいくなどのスタイルを取ることが有効である。

②パイロットチームの中で小さな成果を創出し、伝播させる

厳選したメンバーで組成したパイロットチームであっても、取り組みに対する意欲は、その中で差が生まれる。パイロットチームだからといって、いきなり全員に成果を求めることは難しい。ここでも、まずは最も成果を出してくれそうな人に焦点を絞って徹底的にフォローし、小さな成果を出してもらう必要がある。一つ、二つと成果事例が出てくれば、チーム全体のモチベーションにつながってくるため、小さな成果創出をどれだけ早く実現できるかが、パイロ

ットチーム展開では大事なポイントとなる。

③成果創出に際してハードルとなることを取り除く

パイロットチーム展開に際しては、さらにハードルとなる要因を全て取り除く必要がある。松本商事でいえば、新しい取り組みに使う時間であったが、それは当初より松本社長と井上部長が、各スタッフの担当顧客を一部引き継がせるなどして、相応の時間を割ける体制をつくっていた。時間は往々にしてハードルとなりやすいが、それ以外にも様々なハードルが存在しうる。例えば、各営業スタッフが所属する支店長が新しい取り組みに反対するということもある。その場合は、社長や部長が支店長を説得する必要があるだろう。

このようにありとあらゆるハードルを解除して、新しい取り組みに対して、一直線で取り組める環境をつくることが大切となる。

④全国展開におけるハードルを想定し、解除する施策を打つ

パイロットチームで成功した内容をそのまま全国へ展開しても、上手くいかないケースも多

い。パイロットチームにおいても、取り組みに対して様々なハードルがあったが、そのハードルが、全国の営業スタッフとなると、さらに取り除きにくくなるからである。これを気合いでどうにかしろと危機感をあおり、新手法を教育するだけでは上手くいかない。松本商事においては、時間の使い方が最もハードルとなっており、そのハードルをデジタルツールの活用によって解除していた。新しいことをやるなら、明確に時間の使い方を変えて、余裕ができた分を新しい営業に使うなど、より具体的にハードルを解除していくことが必要となる。

⑤パイロットチームメンバーを伝道師とする

ハードルの解除に成功すれば、あとはパイロットチームで展開したことと成功事例をどんどんと広げていけば良いが、全国スタッフとなると、なかなか集まる機会も頻繁に設けられず、コントロールしにくくなる。そこで活躍するのが、パイロットチームメンバーである。彼らは、すでに成果を出しており、かつ取り組みの難しさも肌で感じているメンバーであるため、良き師となるだろう。彼らに全国支店を改革するというミッションを持ってもらい、伝道師として新たな手法を伝え、普及させてもらうことができれば、取り組みは一気に加速することとなる。

モンスター組織

CASE 06

肥大化する事業部制組織

「新」「旧」の
主力事業部間にできた
相互不理解による
組織の壁を壊す

～「中堅メンバーの部門間異動」や
「共同プロジェクトの立ち上げ」で
組織の一体感を醸成～

登場人物

①加工食品事業部、商品企画部、部長：前田隆（50歳）

・新卒で新井食品に入社して、創業社長について同社の発展とともに歩んできた、たたき上げ組
・業務用加工食品事業で地方の営業まわりから始めて地道に取引エリアの拡大に取り組んできた
・事業の縮小やリストラも乗り越え、多少の景気変動では揺るがない、強い利益体質の事業を創業社長とともにつくり上げてきた自負がある
・営業部門からの異動で商品企画部の部長に就任
・商品企画においては何より利益率の維持と事業の安定性を一番に考えている

②総菜事業部、ブランド開発部、部長：相沢春香（42歳）

・3年前に食品会社の商品企画部門から新井食品に転職し、一般消費者向け総菜事業部の「ブランド開発部長」として就任
・前職でヒット商品を連発し、若くして企画責任者に抜擢された経歴を持つ。女性管理職育成の成功事例として新聞やビジネス誌のインタビューにも何度か取り上げられている
・管理職としての仕事に物足りなさを感じていたところに大学の先輩であった新井食品の二代目社長から声をかけられ、転職を決意
・新井食品の華やかなブランドイメージとは裏腹に旧態依然とした社風も残っていることに最初は戸惑ったが、昨年手がけたブランドの立ち上げが順調にいき、自信がついたので自分のやり方で仕事をしている
・行動力があり、即決即断を好むタイプ。商品企画のヒントを得るために休日に自費で視察旅行に出かけることも多い。社外のネットワークも豊富

■イントロダクション■

新井食品は加工食品や総菜の企画・製造・販売を行う会社である。昨年、創業50年を迎えた。社員数はパート・アルバイトを除くと300名。パート・アルバイトを含めると1000名を超える。高度成長期に食堂やレストラン向けの業務用加工食品の製造・販売を開始、順調に業容を拡大して上場も実現した。

創業社長の今西太一が堅実な経営を行ったおかげで、同業他社に比べると利益率は高い。二代目社長・今西創太による事業多角化で経営状況が悪化した際は、工場閉鎖やリストラも実施せざるを得なかったが、加工食品事業は長年新井食品の屋台骨であり続けた。

一時は経営危機に陥りながらも、二代目社長が手がけた一般消費者向けのオリジナルブランドの総菜販売業が、駅ナカブームや中食市場の拡大によって急成長。今では複数ブランドを展開し、売上面でも従業員数でも新井食品の主力事業となっている。

変革前の新井食品

屋台骨事業部のプライド

「また新人が一人辞めたいと言ってきたんです」

営業第一部の清水課長の言葉に、またか、と前田はため息をついた。これでもう今年は三人目だ。加工食品事業部では、最近新卒の離職が相次いでいる。

清水課長は、前田の営業部時代の部下だ。今でもよく飲みに行き、何かと相談を受ける仲である。

新井食品は安定した給与体系に加え福利厚生も手厚い。就職活動における人気企業とは言わないが、社員の離職は決して多くはなかった。

様相が変わったのは、総菜事業が会社の看板事業になってからだ。学生にとって新井食品は駅で見かけるオシャレな総菜を売っている会社だ。新卒入社の社員は総菜商品の企画や店舗のプロデュースなど華やかな仕事をイメージして入社してくる。

当然会社説明会でも面接でも両事業について説明しており、配属は入社後に決まること、企画部門には新人は配属されずに、まず現場経験を積むことも伝えている。しかし「都市部でオシャレな総菜を売る会社」のイメージと、地方をまわって自社の名前が出ない加工食品を売りに歩く仕事の落差は激しい。特に馴染みのない地方に配属された都会育ちの新入社員が、営業所の閉塞感や生活のギャップに耐えられずに離職を申し出る……というパターンがこのところ相次いでいた。新入社員の間では、加工食品に配属されるのは「負け組」だ、とささやかれているらしい。

結果として、事業部内では「面白くない」という空気が蔓延し始めている。

総菜事業が立ち上がって上手く行き始めたときはむしろ歓迎ムードだった。若手社員を中心に「新事業部でチャレンジしたい」という申し出もあり、彼らのキャリアを考えるとそのほうが望ましいだろうと、将来有望な社員を何名か快く送り出した。

しかしここ数年は、総菜事業部の不足人財は専ら外部からのキャリア採用人財で補っている。そのほうが事業の成長スピードに合致する良い人財が採れるのだ、という話も漏れ聞いた。ルーティン営業に慣れてしまった、加工食品事業部社員では機動力に欠けるというのだ。

「まったく馬鹿にした話ですよねえ。新事業が上手くいくまで会社を支えたのは誰なんだ、上手くいったらこっちは日陰もの扱いかって思いますよ。社長も最近は事業部会議に顔を出しもしない。自分が呼び寄せた人を周りに固めて、本社にこもって会議ばかりしている。現場も見ないで戦略練ってどうしようっていうんですかね」

清水課長のぼやきは止まらない。前田は、1年前に清水が「いい新人が来てくれた」と嬉しそうに話していた顔を思い出した。

「まあ社長が見なくても事業がまわるから戦略づくりに専念しているってことさ。会社は変わっていくものなん

だし、我々はプライドを持って古巣を守るしかないよ。こっちはブランドイメージや立地に頼れないし、コスト意識や人間力も求められる厳しい世界なんだ。総菜事業も今後はそんなに市場が伸びないだろ？　いずれこちらの苦労も分かるだろうさ」

そうやって清水をなだめながらも、正直なところ前田もこのまま日陰部門扱いなのかと思うとあまりいい気持ちはしなかった。

花形事業部の苛立ち

「相沢さんからも社長に言ってよ。もっと総菜の方に新人まわしてくださいって。加工食品と配属が半々って、今の状況でそれはおかしいでしょ」

事業部会議で隣に座った鈴木部長がそう嘆く。

鈴木は総菜事業部の中でも、比較的直近に立ち上がったブランドをまとめている総菜第三部を統括している。昨年、相沢が立ち上げた新ブランドも鈴木部長の統括下である。相沢と同じく今西社長との個人的な縁がきっかけで同時期に入社したため、相沢とは何かと話も合う。

「来年度の出店計画から逆算すると、店舗をまわる人員が足りなくなるのは明白だよ。新人がダメなら中途で採用して欲しいって人事にも言ってるんだけど、なかなか中途採用も難しいみたいでさ。相沢さんがいくら頑張って素敵なブランドを立ち上げても、現場をフォローする人間が足りないと軌道に乗らないよ」

相沢からしても来年度の新人の配属は不可解だ。今や総菜事業部の人員は社員の3分の2を占める。3年後までに店舗数は30パーセント増を予定している。一方、加工食品事業の売上は過去10年ほぼ横ばいだ。


「鈴木さん、私だって社長にことあるごとに言っていたのよ。総菜の中堅人財を何人かこっち（ブランド開発部）にまわしてくださいって。その補充人員も考慮して総菜に新人を配置してくださいって。もう欲しい人の目星もつけているのに……。これじゃなかなか新規業態の開発も進みそうにないわ」

ここ数年は中食市場の成長も鈍化し、相沢が手がけたブランドも立ち上がりは順調なものの以前ほど成長が見込めない目算であった。だからこそ、相沢はブランド開発部の体制を強化し、従来の業態にこだわらない新規業態の立ち上げを検討すべきではないかと今西社長に提案していた。

「だいたい、うちのブランドをイメージして入ってきたのに、あ

んな地方まわりさせられたら辞めちゃうよな〜。案の定、今年の新卒も退職者が相次いでいるじゃないか。それで今度の新卒を補充に使いたいんだろうけど、また辞めるんじゃないの。あっちは現地採用の中途人財でいいじゃないか」

「あちらの事業部は先代社長の時代からいる古株が多いし、社長もなにかと配慮している感じよね」

相沢は、新人配属の件以外にも、総じて社長は加工食品事業部に対して遠慮がちだという印象を持っていた。古株を大切にするのもいいが、そのせいで事業のスピードが下がるのは勘弁して欲しいというのが相沢の本音だ。

解決すべき課題と対策の方向性

◆対立構造の整理

新井食品では、人財交流が止まり両事業部が蛸壺《たこつぼ》化し、社員はお互いの事業について知らない、興味がない（持つ必要もない）状態に陥っていた。それぞれの事業部で自事業部の成長・発展のみを追いかけ、幹部も含めて全社目線を持っている社員もいない。

加工食品事業部は新卒の離職が増えているが、人員補充されるだけで根本的な対策は採られていない。一方で急成長した総菜事業部では人不足が慢性化し、加工食品事業部に批判の矛先が向かっている。

社長の今西はそのような状況に危機感を持っていた。主要2事業は成熟期を迎え、先代から引き継いだ会社をもう一段階発展させ、次世代に向けた基盤を築くためには、新しい事業の柱が必要だ。打開策を考えるべく、ここ最近は経営企画部に外部ブレーンを交えて今後の事業の方向性を模索していたが、自社の強みを活かした戦略を取るのであれば、両事業部の幹部の理解と協力は必須だ。ところが現状では、両事業間での協力関係どころか、不要な対立意識が長年良好であった同社の組織風土にも影を落としつつあった。

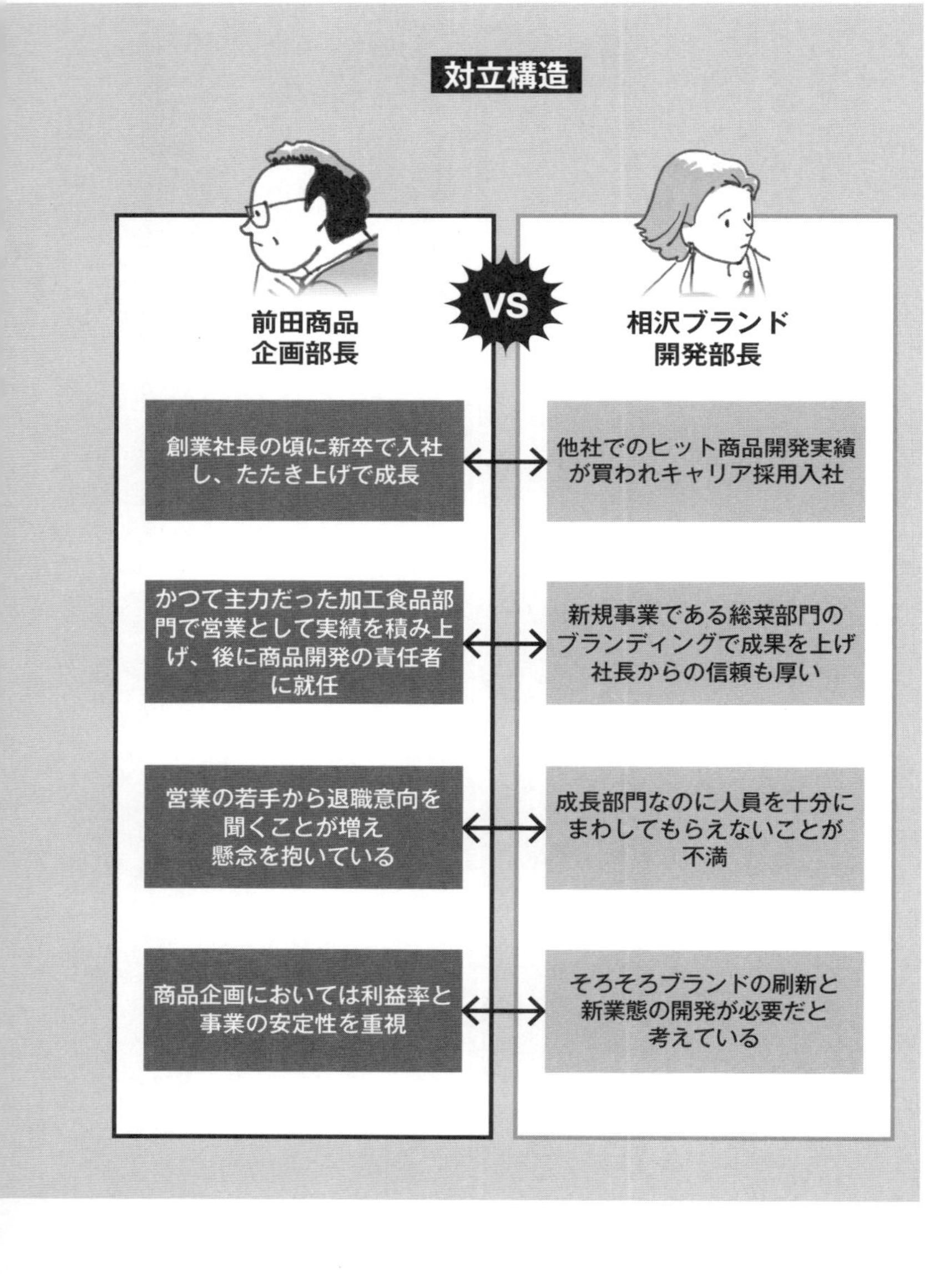
対立構造
VS
前田商品
企画部長
相沢ブランド
開発部長
創業社長の頃に新卒で入社し、たたき上げで成長
他社でのヒット商品開発実績が買われキャリア採用入社
かつて主力だった加工食品部門で営業として実績を積み上げ、後に商品開発の責任者に就任
新規事業である総菜部門のブランディングで成果を上げ社長からの信頼も厚い
営業の若手から退職意向を聞くことが増え
懸念を抱いている
成長部門なのに人員を十分にまわしてもらえないことが
不満
商品企画においては利益率と事業の安定性を重視
そろそろブランドの刷新と新業態の開発が必要だと
考えている

◆会社の未来のための共同プロジェクト

第一の問題点は、今の新井食品では組織変革の鍵となる部長クラスが**「事業部の未来」視点で物事を見ている**ことである。それが「会社の未来」に向けた諸策を実行する上での高いハードルとして立ちはだかっている。対お客様、対社会といった外部に向けた価値創造よりも、他部署との比較論に終始する、非常に内向きな発想が根付いている。

現状を打開するためには、幹部の目線を「事業部の未来」から「会社の未来」にシフトさせ、それらをイコールで考えられるように促していくことが必要である。現場メンバーにいきなり「会社目線」を求めるのはハードルが高いが、部長クラスにはその視点を求めていくべきである。つまり、両事業部の幹部人財が会社の未来、外に向けた将来ビジョンに目線を向けるための状況をつくり出すことが課題となる。

そのために有効な手段として考えられるのは、会社の将来を見据えた両事業部の共同プロジェクトを発足させることだ。会社目線で考えろ、といっても、彼らのミッションが事業部収益の最大化にとどまっている以上は、どうしても事業部目線が優先されてしまう。

そこで「会社の未来」を自分事にするための機会として、両事業部の幹部メンバーを中心とした合同商品開発プロジェクトを立ち上げることが一つのアプローチとして考えられ

■事業部制のメリット・デメリット

メリット	デメリット
・権限委譲により、迅速な意思決定が期待できる ・事業別の利益責任が明確になり、業績向上に向けたインセンティブが働きやすい ・本社部門の事業運営に関する負担が軽減され、本社部門がより全社的、戦略的な事項に集中できるようになる ・事業部長に経営者としての経験を積ませることができる	・各事業部が経営機能を重複して持つため、経営資源面での無駄が生じる ・全社の利益より自らの事業部の利益を優先しがち ・組織の壁により、事業部をまたがる新商品、新サービスが生まれにくくなる ・収支が明確なだけに新規事業が育ちにくい

る。ここで社長自身が、このプロジェクトの責任者としてコミットし、会社の将来のための最重要課題であることを態度で示し続けることが必須である。

◆セクショナリズムの打開

第二の問題点は、**人財交流が止まっていることが行き過ぎたセクショナリズムを生んでいる**ことである。さらに、人手不足により人財の奪い合いという不要な対立が起こり、双方が被害者意識に陥ってしまっている。

また、現社長が加工食品事業部を巻き込まずに改革を進めようとしていることが、「創業社長のもとで育った、たたき上げ勢vs二代目社長ブレイン勢の対立構図」を深める結果となっている。一部の幹部は会社の将来に対する危機感があるものの、改革の当事者として扱われていないことで、矢印が他者（他事業部や社長）に向いてしまっている。

これらは施策の失敗の結果ではなく、むしろ事業部制が上手く機能したことで起こった弊害と言える。各事業に最適化された組織体制により、共有している経営基盤は管理系機能のみ。各事業部内で育成機能が完結しているため、生産性を下げてまで人財交流をする必要もない。

ではこれらの問題点をどのように解決していけばよいだろうか。

やはりここは、強制的な人事異動（**ジョブローテーション**）により、両事業部の人財交流を進めることで、共通の目標を持つための基盤づくりにつなげることがポイントとなるだろう。蛸壺化し、相手に批判的な矢印を向けているのは、互いに相手を知らないことが要因としてあげられる。シナジーを起こすためには、人財の交流が不可欠だ。できればプロジェクトの発足と同時に人財交流を開始し、限られたメンバーを対象とした活動ではなく、全社をあげた組織変革であることを示した方がよい。

ただし、これらの施策が目に見えた効果をあげるまでには少なくとも半年〜数年の時間を必要とする。

■ジョブローテーションのメリット・デメリット

	メリット	デメリット
会社にとって	部署間の関係性・風通しが良くなる	教育に時間と工数がかかる
	社員の適性を見極めやすい	短期退職する社員が多いと効果が乏しい
	総合的な判断ができる社員が増える	部門や職種で給与体系の差をつけづらい
	幅広い業務の理解につながる	尖った人財が生まれにくい
	人財の確保がしやすい	活躍している社員が不活性化するリスクがある
社員にとって	視野と経験値が広くなる	キャリア形成が描きにくい
	ジェネラリストになりやすい	スペシャリストになりにくい
	望む異動であればモチベーションの向上につながる	望まない異動によってモチベーションが低下する可能性がある

それまでの間に人財不足に対しては別途手を打たなければ現場メンバーが疲弊してしまう。新井食品の場合は、新入社員の離職防止とキャリア採用の強化が急務となる。

それに加え、新井食品は次世代に向けた新たな経営ビジョンを必要としている。そこで新たな理念やＣＩの検討、また中期計画の策定を急がなければならないようにも思える。ただし、それは先述した施策により、両事業部の主要メンバーが「会社の未来」目線を持てるようになった上で取り組むことが望ましい。

幸い新井食品には、組織変革に取り組む時間は残されており、本当に事業が頭打ちになる前に、次のステージを見越した組織の土台づくりに取りかかることができる。

変革への取り組みフェーズ1：両事業部の垣根を壊す

今西社長の決意

「このままでは社の未来はない。両事業部からの抵抗はあるだろうが、思い切ってやってみよう」

社長の今西は決心した。

加工食品事業部、総菜事業部それぞれが抱えている不満は耳にするし、理解している。加工食品事業部が長年にわたり社を支えてきた歴史は肌身にしみて分かっている。また自らが外部から連れてきた人財により、社の事業に新たなページを加えた総菜事業部の重要性も把握している。しかし、それらをただ大切に維持するだけでは、彼らのポテンシャルを活かすどころか、かえって潰してしまう結果になりかねない。

それを理解しつつも、あえて根本的な解決策を採ろうと自分はしてこなかった。だが本来シナジーが期待できるはずの両事業が人財難をきっかけに、まるで競合会社のように対立している状況で、明るい未来が開けるわけもない。

今西は根本的な変革に乗り出すときが来たことを実感していた。そのためには、分離していてまるで別会社のような両事業部の交流を図り、一つの会社として同じ方向性を持ってもらうことが重要なのではないか。

一時的に現場の負担が大きくなる可能性はある。しかしそれならなおさら、自分以外に決断できる人間はいない。そう考えるに至ると、ようやく行動へと移し始めた。

事業間交流に噴出する不満

今西は、決意すると、早速新たな試みを打ち出した。まずは、食品加工事業部、総菜事業部の両事業部の中堅メンバーの事業間異動を打ち出した。

社長の方針に両事業部では驚きが起こるとともに、業務をよく知る中堅社員が「抜かれる」ことに、それぞれの事業部からは不満が漏れた。

「事業の効率も落ちてしまうよ。会社としての一体感を高めたいというのは分かるけどさ、今やることじゃないでしょ」

総菜事業部の鈴木は相沢に対し、このように不満をぶつけてきた。相沢は、もっともだと思った。

今西は、衝撃を和らげるため、強制的な異動は避けた。異動にあたっては一定の条件を満たした社員の中から、本人の希望を優先した上で決定することにした。しかしただ単純に希望を募ったところで、前例の少ない事業部間異動に不安を持つ社員が多いことを想像するのはたやすかった。

そのため、職種ごとに事業部異動後もスキルを活用しやすいキャリアパスを検討し、異動希望を出しやすいように制度を整えた。また、両事業部間の異動は今後も定期的に行うことを示し、事業部間異動が通常のことになっていくことを伝えつつ、心理的な抵抗を下げるように努めた。

すると、ようやく「一度、行ってみようかな」「異動を希望してもいいです」と手を上げる社員が出てきた。対立しているかのような両事業部だったが、「今のままよりもっと成長したい」「どんな仕事があるのか、新しくチャレンジしてみたい」と考える社員も実はいたのである。

こうして何とか事業間異動を制度として打ち出し、実際に人財交流が開始された。この制度によって、希望をかなえられた社員や人財を獲得できた現場からは喜びの声が上がった。しかし想定していた通り不満の声も噴出した。また本人の希望を条件としたため、事業部や部門ごとの人財の偏りを解消するには至らなかった。

人財不足への対応

一方で、急務となっていた新入社員の離職と中途社員採用への対策にも異動の制度導入に先んじて取りかかっていた。

新規入社メンバーの初期研修は、これまでは通り一遍の工場見学や事業説明だったが、それだけで互いのことを知ることができるわけもない。両事業がどのように成り立っているのかを体感的に学習できるように整備し、またチームを組ませてプレゼンを実施することで、より理解を深められるようにした。さらに、新卒は両事業部それぞれを一定期間経験させ、その上で配属を決めるように改めた。

キャリア採用については、これまで募集する地域や職種ごとに必要な経験・スキルについて大まかな条件しか定めていなかったが、入社後に定着・活躍しているメンバーの特性を分析し、より具体的な人物像を描いてエージェントに提示した。また、リファラル採用も本格的に活用し始めた。

これらの施策により、入社後のミスマッチによる離職は減少傾向となり、また何より会社が人財不足への対応に本腰を入れている様子が伝わったことが、現場メンバーの不満を多少なりとも和らげた。

合同プロジェクトの開始に募る不安

定期異動制度の初回実施が一段落した頃、今西社長の発案で、両事業部の企画部門による合同商品開発プロジェクトを発足させることになった。これは、共通のビジョンに対して同じ目線で考え議論し、お客様や市場といった外に対して目を向けることの重要性を、幹部メンバー中心に感じ取ってもらいたいという意向が大きかった。

とはいえ、このプロジェクトは簡単には進まなかった。そもそも加工食品事業部は利益率や安定性重視、総菜事業部はアイディアや行動力重視と、お互いのやり方が異なりすぎていて、何かを検討するたびにその判断基準の違いが浮き彫りになった。

「やっぱり価値観がなかなか合いませんね。こんなことで上手くいくのでしょうか?」

前田は、清水から何度も聞かされた。

清水は清水で、プロジェクトの参加メンバーからしばしば愚痴を聞かされているという。合同プロジェクトに加わった前田自身も、不安は痛感していた。総菜事業部から参加している社員と話すと、どうしてもどこかよそよそしく、まるで他社の人間と話をしているかのような感覚に襲われる。「分かってはいたが、こんなに組織風土も社員のタイプも違うとは……。こんなことで成功するのだろうか」。そう考えずにはいられなかった。

それは総菜事業部から参加している相沢らにとっても同様だった。相沢は、同じくプロジェクトに参加している鈴木からプロジェクトに対する不満を聞かされることが増えていた。

「これ、そもそも合同でやる意味あるのかなあ。なんか、話せば話すほど、彼らとは一緒にやれない、って気持ちになってしまうんですよね。部長である僕がそう感じるなら、現場に近いメンバーはなおさらじゃないかな」

「そうよね……私も他のメンバーから似たような意見を聞いてるわ」

「社長は分かってるのかな。このプロジェクトには相当期待しているみたいだから、ちょっと僕からは言いづらいんだけど……相沢さんから、今の状況について社長にそれとなく言ってもらえませんか」

相沢もプロジェクトの今後に危うさを感じていた。成り立ちも風土も違うのに、一つにまとまるわけがない。結局は互いにばらばらであることを感じるばかりではないのかと思った。

また人財をシャッフルしたことで、現場が多忙となり、疲弊しているのも実感していた。新しく入社したメンバーも頑張ってくれているけれど、まだ育成期間中だ。

やっぱり事業部間の人財交流や協業は無理だろう。そう思うのは相沢ばかりではなかった。

そんな不満や不安、懸念を裏付けるように、やがてプロジェクトミーティングの開催頻度が落ちていった。たとえ開催しても、主要メンバーが「急用」を口実に抜けてしまい、まったく意味のある議論が進まなかった。そうしてプロジェクトは完全に膠着《こうちゃく》状態に陥った。

だが今西社長は、落ち着いていた。それら様々な問題の報告を受けても、やめようとはしなかった。

「大変なこともいろいろあるだろうけど、好きなようにやってみなさい。支援が必要なことがあれば遠慮なく相談して欲しい」

そう言い続け、プロジェクトの支援を惜しまなかった。「自分の姿勢がぶれたりしたら、プロジェクトが上手くいくわけもない。ここはどっしりかまえ、我慢しよう。そして自分のスタンスが変わらないことを見せることで、社員の意識を変わらせよう」。そう決心していた。

視野を広げることで生まれた共通のゴール

いつまでも膠着状態に陥っているかのように思えたプロジェクトに、やがて変化の兆しが見えた。

そのきっかけとなったのは、加工食品事業部の若手メンバーたちだった。「自分たちの経験をもとに話し合うだけでなく、外部の情報に触れたい」と意見が出たのである。彼らは「交流と言っても、結局は狭い視野しかない中で行っているから変わらないんじゃないか」と感じ始めていた。

今西はその意見を取り入れると、外部人財を招いた勉強会を複数回に分けて実施することにした。食品関連のベンチャー企業経営者、大学教授、大手食品メーカーの商品開発部長など外部から人財を招き、勉強会を複数回に分けて開いたのである。その勉強会では、今後の食文化の発展において、自社がどのようなポジションを取りうるのかについてディスカッションを重ねた。

すると目先ばかりに視線が行きがちだった両事業部の社員に、少しずつ変化が生まれていった。新井食品が置かれている現状や日本の食品業界の今後などを知ることで、新井食品が安閑《あんかん》と過ごしているわけにはいかないことに気づかされた。つまり、このままでいいわけではないことも理解していった。

その危機感は、両事業部のメンバーに共通して育まれた。社として変革を求めなければならない、そう考えるようになっていった。

あるとき、前田は相沢から言葉をかけられた。

「総菜事業部も新たな事業展開を打ち出さないと先が見えませんけれど、うちだけじゃなく、そもそも加工食品も含めた会社全体として、今後の業界でどんなポジションを取っていくかを考えなければなりませんね。そのためには、ここにいるメンバーから変わらないと」

そういうやりとりすら今まではほとんどなかったから、前田は一瞬驚きを感じつつ相沢に言葉を返した。

「そうですね。今のままではだめですよね」

変わっていくには、自分たち自身も変わっていかなければいけないと気づくと、ただ自分たちのやり方に固執していても意味がないことを知った。それぞれの目線が「過去のやり方で成果を上げる」ことから、「未来に向けて新しいやり方を模索する」へシフトしていったのだ。

そのためには、今までまったく風土も価値観も異なる両事業部が、それぞれに学ぶことも必要だという意識も芽生え、そして新井食品を担う両輪として共通のゴールが徐々に描かれていった。


共通の危機感や一つの目標へ向かう意識が醸成されてくると、新たな動きが起こるまでに時間はかからなかった。プロジェクトでは、ついに具体的なアイデアが出始めた。両事業部のメンバーでいくつか出たアイデアをさらに検証していき、まずは一般消費者向けのブランド力を活かして、食堂や施設内レストラン向けに健康志向のメニュー提案をする事業をテスト展開することが決まった。

両事業部のメンバーがペアを組んで地方の取引先をまわると、早速導入先が決まり始めた。

「鈴木さん、なんか新しいことが起こりそうな予感がしない？」

相沢が話しかけると、鈴木も同じことを感じているようだった。
「そうですね。今までこういうことをしたことなかったから、新鮮ですよね」
ささやかな成果が生まれたことで、プロジェクトは歯車がまわり始めた。

その後の新井食品

ようやく垣根を越え、一つとなっていったプロジェクト。その中で生まれた「両事業がバラバラに存在するのではなく、統一されたミッションが必要」との意見がきっかけで、企業理念・CI検討プロジェクトを組成、社外の専門家にファシリテートを依頼しつつも、理念の文言は自分たちで一から考えることも決めた。

両事業部の社員へのインタビューを実施し、創業者の思いや自社の歴史に触れつつ、二代目社長の描く将来像を反映した理念の案を作成することも決まった。

「ようやく、次のステージに進む土台ができた。今なら新しい成長戦略を描いて、社員が一体になって進むことができそうだ。ここからが本当の勝負になるぞ」

社長の今西は思う。長年会社を支えてきた食品加工事業部に気を遣い、変革が必要と感じながら行動を起こさずにいた。現状をこのまま維持できるわけではないのを知りながら、先送りしてきた。勇気を持ち、一歩足を踏み出して行動を起こした今、自身の姿勢の重要性をも実感する。

こうして軋轢《あつれき》の強かった二つの事業部は同じ社内の事業部として共通の未来を目指し、協力しながら進んでいく気運と体制が揃い始めた。ようやく新井食品は一つの会社へと生まれ変わろうとしていた。

終わりに

新井食品の問題は、長年会社を支えてきた屋台骨である事業部と、新たに生まれ時流に乗る形で頭角を表した事業部、その両者のギャップにあった。

企業では、事業部制への移行フェーズでこうした困難に直面するケースが多いが、新井食品の場合は各事業の設立経緯や時期が異なっていたこともあり、もともと事業部制が機能していた。上手くいったからこその悩みが発生していたことも特徴的である。

また、新井食品ほど事業部制が上手く機能していない場合でも、複数事業を展開する企業では同様の課題が発生する。部門間のギャップを埋めて全社共通の未来を目指すために大切なポイントを、以下三つの視点で整理する。

①人的交流の促進

事業部の垣根を取り払うために、異動や合同プロジェクト発足などを通じて、交流を深めていくことが大事だ。その過程ではギャップが大きければ大きいほど、不満や不安も噴出する。その不満の原因には直接対処しつつも、動じることなく、ことを進めていくことが重要となる。今西社長が両事業部から突き上げられても落ち着いていたように、経営者の一貫した姿勢もまた、大切な点である。

②共通の成功体験を生み出す

新井食品にとって何より必要だったのは、両事業部共通の成功体験である。互いにばらばらに頑張って、自分たちだけが成功すれば良いという意識を抜け出し、より高みへ、大きな成功へとつなげるためには、互いの力を

合わせる重要性を知ることが重要である。

そのためにも、ささやかでもいいから成功体験を築いていくことが大きな意味を持ってくる。人的な交流を図ることで垣根を壊し、ビジネスとしての共通ゴールを描く機会を設け、共通の目標を鮮明に描くこと。新井食品ではそれを実行したことによって、社内ではなく前を向く組織へと脱皮できた。

③外に目を向けさせる

多くの場合、組織変革のきっかけとなるのは、外向きな志向が生まれたときである。いかに自部門が他部門に対して優位に立つかといった部門間の権力闘争ではなく、お客様や社会、市場に対して自社はどのような価値を提供していくのか、そのためには何が必要かを第一に考えることが「外向き志向」だ。

組織が大きくなるにつれ、自然と組織に壁が生まれ部門最適化しようとする力が働く。「部門の未来」ではなく「会社の未来」に幹部同士が共通のビジョンを持って向かっていけるかが、組織の力学を左右するのである。

加えて組織変革の助けとなったのは、客観的な視点である。自社の現状を外の目線から見ることで、おのずとどう変わっていかなければならないか気づけるだろう。中だけで答えを探していても、新しい発想は生まれてこない。外に目を向けてはじめて、自分たちの異質さや至らなさにも気づくことができる。社内の凝り固まった考え方から脱却できるように、第三者視点をいかに取り入れられるかが、変革の鍵となる。

新井食品は創業、そして第二の創業を成功させ、さらに三つ目のステージにも一歩足をかけることができた。第三ステージでも新井食品はまた新たな課題にぶつかるはずである。組織開発には終わりはなく、そして正解もない。常に動き続ける組織のダイナミズムの波を捉え、ステージに応じた変革を仕掛けていくのが組織開発の役割である。

モンスター組織

CASE 07

ロスト・アイデンティティ組織

熟練技術者を活かせず誤った「機能体組織」の導入で窮地に陥った組織の立て直し

～あえて「共同体組織」を選択し、
自社のコアバリューを活かしながら
時代の変化に適応させる～

登場人物

①5代目社長：星 ゆかり（36歳）

・1915年創業の高級時計メーカーの老舗5代目社長
・新卒でメガバンクに就職し、営業として、個人向けに投資信託、保険等の金融商品の販売や信託の提案を行う
・30歳のときに、父親が社長を務める星時計工業に入社
・父親が健康問題を理由に会長職に退いたのをきっかけに、5代目社長に就任
・幼い頃から従業員に囲まれて育ち、家業に自らのアイデンティティを置いている
・父親の代から徐々に下降している業績に加え、慣れない社長業に対する不安も重なり、次の時代を生き抜いていくための新しい施策を打たねばとの焦燥感に駆られている

②経営企画部長：遠藤 雄太（42歳）

・ゆかりの社長就任の直後に、家庭の事情により退職した部長の後任として、人財紹介会社からの紹介で入社
・それ以前の経歴は、大手ＤＶＤプレイヤー・レコーダーを製造販売する会社に新卒入社し、営業として経験を積んだ後、経営企画室課長として社内の改革業務を担っていた
・星時計工業には、両親の面倒を見るためＵターンした神戸で登録した転職エージェントから、「社長の若返りとともに、社内を改革する人財を求めている」との話に興味を持ち、面接を受け、入社に至った

■イントロダクション■

高級時計メーカーの星時計工業は、1915年創業という歴史を誇る老舗企業である。舶来商品を扱う商社に勤めていた初代創業者が1915年に独立して、神戸で時計卸売業をスタートし、その後、自社独自の商品開発を行うようになった。

初代創業者の掲げた「お客様に一生ものをお届けする」という理念に基づき、今なお高級腕時計の開発・製造に力を入れており、海外のブランド志向が高い日本市場においても主に関西圏で〝神戸のスター〟の愛称で高級時計としての高い知名度を誇っている。星時計工業の特徴としては、マイスターと呼ばれる熟練技能者たちの手作業による職人技がコア技術となっていることがあげられる。

5代目社長である星ゆかりが社長に就任する以前は、高い技術力に裏打ちされた高品質と知名度を基に業績を伸ばしていた。そのため、営業やマーケティングを担う人財が育っていないという一面があった。

社員数は約100名で、社員の8割は県内出身者が占めている。創業時以来、社員を「スターファミリー」と呼び、社内の結束力を重視してきたため、離職率は極めて低く保たれていた。ただ、近年は採用が上手くいかず、若手の採用が減少している中で、組織の高齢化が進んでいた。

加えて、安価なクオーツ式腕時計の台頭やスマートフォンの普及により、売上の低下が続いている。業績下降の状況に対し、社長から改善策を考えるよう求められた経営企画部長の遠藤は、業績下降の原因を、技術至上主義で、かつ自分たちの価値観を重視しすぎる内向きな組織にあると考え、市場の変化にすばやく適応できる柔軟な組織になるための改革に着手することを提案した。

変革前の星時計工業

老舗5代目の苦悩

「一体、どうしたらいいんだろう……」

老舗高級時計メーカーの5代目社長、星ゆかりは、最近の社をめぐる状況に、ふと、ため息をもらした。

星は、30歳のときに、代々一族で経営を受け継ぎ父親が社長を務めていた星時計工業に入社した。その後、父が健康問題を理由に会長職に退いたのをきっかけに、5代目社長に就任した。

星はもともと幼い頃から従業員に囲まれて育ち、家業に自らのアイデンティティを置いているくらい、星時計工業に愛着と誇りを持っていた。だが一方で、自分が経営を引き継ぐ少し前から徐々に業績が下降していることも知っていた。

そんな中で、慣れない社長業についた不安もあり、次の時代を生き抜くための新しい施策を打ち出さなければならないという焦燥感もあった。

だが、今のところそうした思いは成就していない。経営企画部長を務める遠藤は、星が社長となった後に迎え入れた人財だ。事業の立て直しのために皆を引っ張ってくれる人財をと考えてのことだった。

遠藤は入社すると、まず現状把握に努めた。その中で遠藤は、あまりにも自分たちの技術にこだわり過ぎる技術至上主義的な価値観や、「時代の流行に左右されるのは星時計工業のやり方じゃない」といった内向きな考え方が、業績低迷の主たる要因ではないかと考えた。

また、ベテラン社員も若手社員も、業績が低迷していることへの危機感が薄いことにも違和感があった。評価制度が、業績とあまり連動していないこともあり、売れるかどうかよりも自分たちがつくりたいものをつくることを重視する傾向があると捉えていた。自分たちの会社はつぶれないと、どこか楽観視しているような気がしてならない。

「そんな甘い考えでは、この先、生き残っていけないのに……」

遠藤は一人強い危機感を抱いていた。

そこで、社長の星に、もっと顧客ニーズを捉えた商品開発を行える体制に組織を変革すべきであると訴えた。具体的には、ベテラン技術者よりも若手の技術者を中心とした商品開発体制にすること。さらにはキャリア年数や技能の熟練度を重視した、いわゆる年功序列型の評価制度から、成果連動型の評価制度へ転換を図ることを提案した。

その提案を受けた星は、それを推し進めるべきかどうか、大きな迷いがあった。改革が必要と感じる一方で、長らく星時計工業を支えてきたベテラン社員たちのプライドを傷つけることになるのではないか、家族経営的な企業風土が失われてしまうのではないか、と思ったからだ。

ただ、このままでは業績は悪化する一方で、いずれ経営が立ち行かなくなってしまうことや、そうなれば自分の代でこの大切な会社を畳むことになりかねないことを危惧していた。

「社員を家族のように感じている自分には、客観的に現状を捉えることは難しいのかもしれない。遠藤を信じて任せてみようか……」

そんな想いで、遠藤に改革を託すことにした。

しかしそんな中、ショッキングな事態が起きた。新卒から30年勤めていた腕時計の開発・設計を担う熟練技術者が退職することになったのである。それは会社の大きな財産を失うに等しく、報告を受けた星は「え、本当に……？」と思わず聞き返すほどショックを受けた。

退職の理由は、遠藤の行った制度改革により、商品開発への関与を外されたことや、技術者の給与が成果によって決まる評価制度が導入されたことへの反発だと知った。

星は、退職することになった熟練技術者に、これまでの労を労《ねぎら》いたいと個別に会うことにした。そこで彼はこう言ったのだった。

「私たちの時計づくりに必要なのは、〝技能〟なんです。〝技術〟じゃない。一朝一夕では商品の開発などできないからこそ、その商品に価値があるのではないですか」

それは星を諭すような言葉だった。

星は何も言えなかった。そして改革をどう進めればよいのか、何が正しいのか、考えずにはいられなかった。

何が正しいのか、迷いの中、進む日々

「どうして上手くいかないんだろう……」

遠藤は、コーヒーを飲みながら、思わずつぶやいた。

遠藤は、星時計工業に経営企画部長として入社した。「社内改革を進める人財を求めている」と聞いたのがきっかけだった。

しかも社長が交代した直後のことだったので、なおさら改革

を求める必要性を理解し、やりがいを感じての入社だった。前職で培った改革の経験が活かせると考えた。そして入社した直後から、早速星時計工業の現状の分析に取りかかった。

「星時計工業は老舗ではあるが、業績は先代の社長のときから低下傾向にある。はっきり言って低迷していると言っていい。この低迷している業績を回復するためには、今よりも効率よく収益を上げるために戦略を見直すべきだ」

そう考えた。

まず手始めに、マイスター制度の見直しを進めることにした。熟練した技能を持つマイスターだけで行っていた商品開発を改め、市場の変化にスピーディに対応できるように、若手技術者が商品開発に関われる組織体制に変えていかなければならないと考えた。

また、社員の幸福を重視するあまり、安定性や公平性を重視したこれまでの評価制度のあり方も、業績低迷の要因の一つになっていると遠藤は考えていた。いまどき年功序列型の評価制度では、優秀な若手社員は集められないし、若手が活躍しやすい組織でなければ、市場のニーズに合った商品など生み出せない、と考えたのだ。

「市場競争を勝ち抜くためには、もっと若手が活躍しやすく、より客観的成果をもとにした成果主義の評価や賃金制度が必要だ」

遠藤は評価制度の見直しも提案することにした。

ところが、新陳代謝を促す仕組みを導入したところ、かえって社員のモチベーションの低下を招いてしまった。それは長年、有能な技術者として会社に貢献してきた社員にとって、自分たちを否定されたと感じるものだった。あまつさえ、貴重な熟練技術者の「退職」という事態さえ招いてしまった。さらに若手の技術者にとっても、機会は与えられたもののスキルが伴わず、商品開発は思うように進まなかった。

それは思ってもみなかった事態であり、そのことで、星社長が深く傷ついているのも見て取れた。

「なんだか思うようにいかないな……」

遠藤は再び、つぶやいた。自分自身、熟練技術者の退職に関しては、改革の必要性を信じながらも内心動揺しているのは否めなかった。これまでのキャリアで培ってきた成功事例が、適用できない。どうして上手くいかないのかと、打ち手がない状態に苦しんでいた。

解決すべき課題と対策の方向性

◆対立構造の整理

自社のこれまでの生業が、そのまま通用する市場環境ではなくなっていることに危機感を持ち、改革の必要性を感じる老舗の5代目社長。業績が低迷しているのを受けて生き残りのため、戦略の見直しとそれに伴う組織変革が必要であると考え、改革をけん引する人財も迎え入れた。それが、経営企画部長の遠藤である。

遠藤は、早速、商品開発の体制や評価制度の見直しなどの対策を打ってみたものの、熟練技術者の反発を受けるなどして、その成果は思うように上がっていない。長い歴史を持つ老舗の企業にはありがちな構図だ。

どう会社を導いていけばよいか見えていない社長と、社長の期待に応えられない遠藤との間で、不信感が生まれつつある。

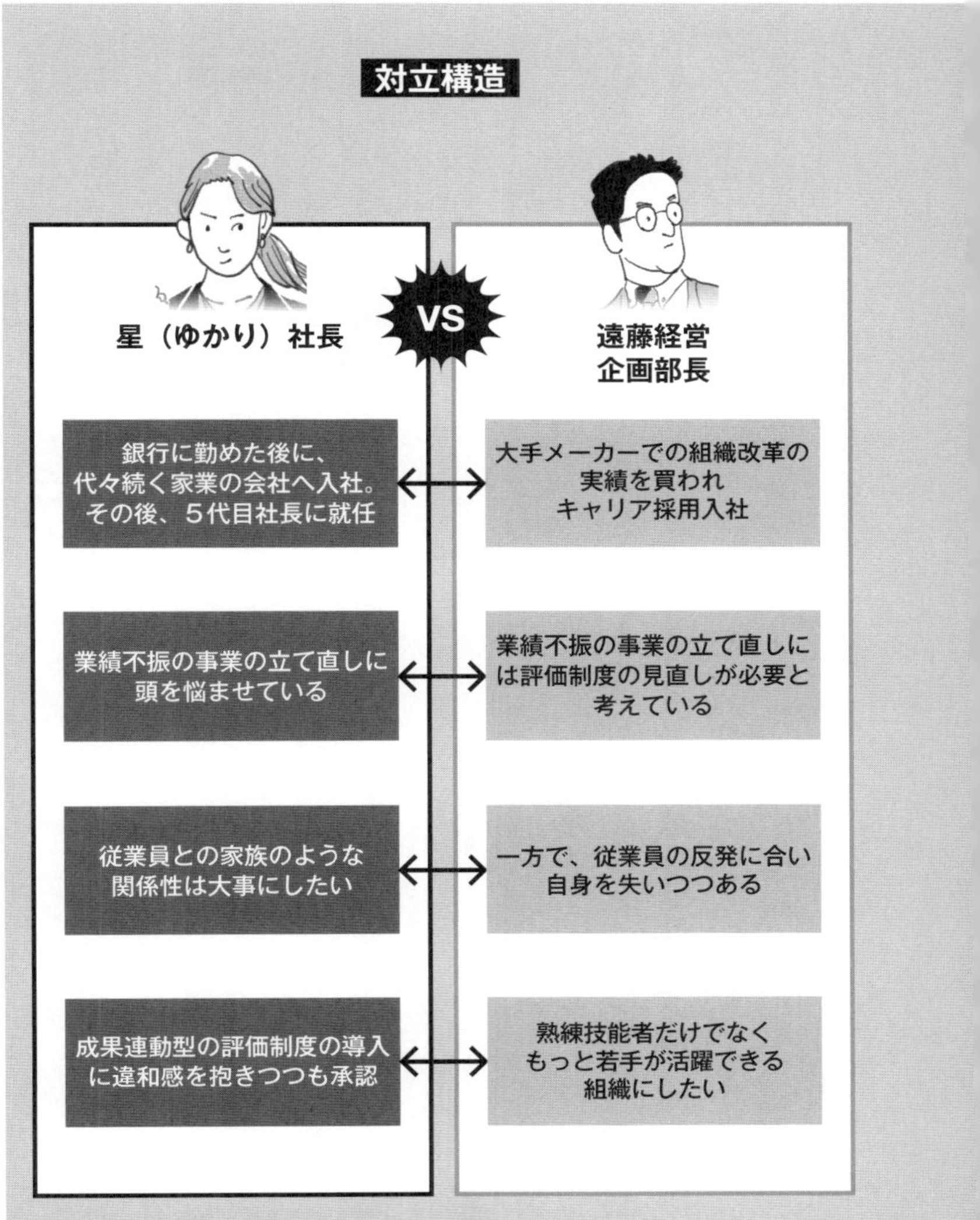
対立構造
星（ゆかり）社長
VS
遠藤経営
企画部長
銀行に勤めた後に、
代々続く家業の会社へ入社。
その後、５代目社長に就任
大手メーカーでの組織改革の
実績を買われ
キャリア採用入社
業績不振の事業の立て直しに
頭を悩ませている
業績不振の事業の立て直しに
は評価制度の見直しが必要と
考えている
従業員との家族のような
関係性は大事にしたい
一方で、従業員の反発に合い
自身を失いつつある
成果連動型の評価制度の導入
に違和感を抱きつつも承認
熟練技能者だけでなく
もっと若手が活躍できる
組織にしたい

◆「機能体組織」or「共同体組織」の選択

第一の問題点は、業績の低迷により、社長である星が、**自社の経営方針や進むべき方向性に自信を失ってしまっている**ことである。家族のように考えていた熟練技術者の退職が追い打ちをかけた。そのため、変革が必要であるとは分かっていても、一体どういう方向に経営のかじを切ればよいのか、見定められずにいる。

一方の改革の担い手も、何をどう変革すべきか確信を持てないことにある。遠藤は、DVDプレイヤーというコモディティ化した商材を扱っていた会社の出身である。長い時間をかけてようやく培われる「熟練技能」がコアコンピタンスである星時計工業にとって、果たして何が競争の源泉になり得るのか、見定めることができていない。ゆえに誤った施策に走り、技術職社員たちの反発を買うこととなった。結果として、ベテランも若手も仕事に対するモチベーションが低下している。ベテランの熟練技術者は、自らの技能と、それによって生み出される商品に誇りを持っていた。ところが、そのことがまるで業績低迷の要因かのように言われることや、評価のあり方が大きく変わってしまったことが、会社への不信感につながっていた。また若手技術者にとっても、新たな制度下での成功事例が生まれないことで、結果として評価にもつながらず、モチベーションが高まらない状況を生んでいたのである。

これらの問題点の根本となっているのは、星時計工業として今後どのように歩んでいくかという明確な方針がないことである。どうすれば100年という長い歴史を持つ老舗として、次の100年後も存続できるのか。その確信を持つためには、星時計工業が存在する意義は何なのかを改めて再定義することが重要である。

これまでの歴史を振り返り、自社が100年間事業を続けてこられた理由は何か、競争の源泉ともいうべきコアコンピタンスは何かを明確にすることで、存在意義を定義することができるだろう。それと同時に、時代の変化とともに変えていかなければならない戦略や組織の課題についても目を向けることが必要と思われる。

存在意義を再定義できたら、その存在意義を確固たるものとして存続させていくための手を打つことが次のステップとなる。星時計工業の存在意義は、他に真似できない技能を持ったマイスターによる高品質な商品をお客様に届けることであり、そのためにはマイスターを育て技能を磨き続けることが必要だ。マイスターの育成には時間がかかり、またその技能は人から人へ引き継がれていくものでもある。だからこそ、家族経営的な信頼関係が不可欠で、**社員の幸福を第一に考える「共同体組織」**が合致していると言える。

■「共同体組織」と「機能体組織」

出典:『組織の盛衰』(堺屋 太一)

	共同体	機能体
目的	構成員の心地よさ (好みの充足)	外的目的の達成 (利潤・行政・防衛)
理想の状態	平静と安住感	最小費用で最大達成
良い組織の尺度	結束力・仲間意識	目的達成力
人材評価の尺度	内的評価による人格	外的評価による能力と実績
典型例	家族・地域社会・趣味の会 日本の伝統的企業	企業・官公庁・軍隊 グローバル企業

ここでいう共同体組織とは、地縁や血縁、友情で深く結びついた自然発生的な有機的な社会集団のことで、ドイツ語でゲマインシャフト(Gemeinschaft)と称される。ドイツの社会学者、フェルディナント・テンニースが、業績や顧客満足といった目的達成を第一とした集団、ゲゼルシャフト(ドイツ語:Gesellschaft、機能体組織、利益社会)の対概念として提唱したものである。

◆「戦略」を描き「組織」を変える

第二の問題点は、**戦略なきまま組織から変えようとするアプローチ**である。時計業界は市場拡大が見込みづらい成熟市場である。既存のやり方だけで勝負していては先細りになるばかりなことは分かっていても、

■「環境」「戦略」「組織」の一貫性

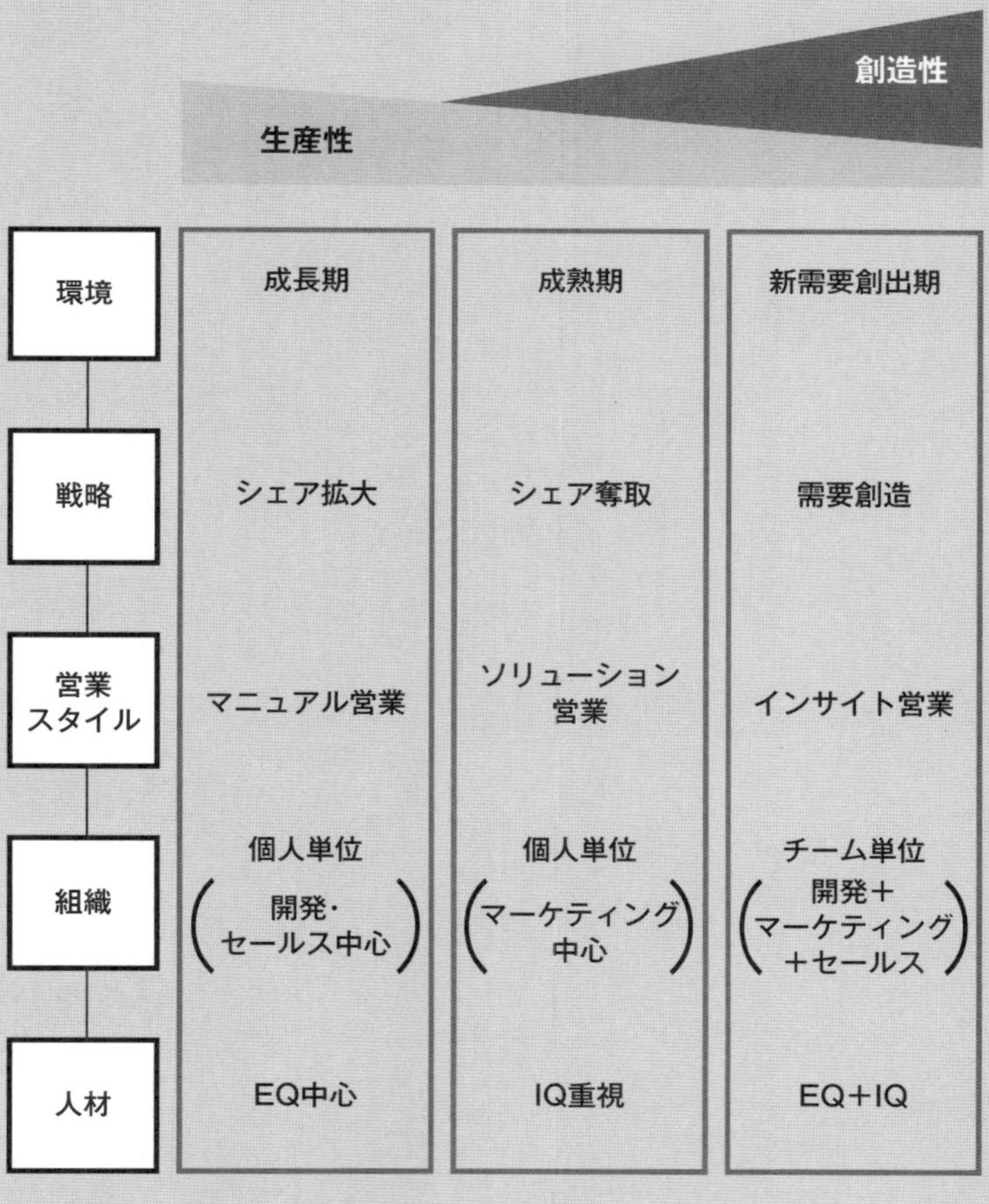
創造性
生産性
環境
戦略
営業スタイル
組織
人材
成長期
シェア拡大
マニュアル営業
個人単位
（開発・セールス中心）
EQ中心
成熟期
シェア奪取
ソリューション営業
個人単位
（マーケティング中心）
IQ重視
新需要創出期
需要創造
インサイト営業
チーム単位
（開発＋マーケティング＋セールス）
EQ＋IQ

適切な戦略が描けていない。そのような中で、組織の問題ばかりに目を向け手を加えようとしても、上手くいくはずがない。

本来、自社を取り巻く**「環境」から「戦略」を描き、それを実現するための「組織づくり」「人づくり」をしていくことが王道**であり、それらの一貫性が企業の成長を左右する。もともと持っているコアコンピタンスや社内のリソースを活かしつつも、環境に適応した新たな戦略を描き、それを実現するための組織体制と人財育成が必要だろう。

星時計工業の場合、まず明確にすべきはマーケティング戦略である。成熟市場においては、新たなターゲットを見出し、シェアを拡大しなければ成長は望めない。成長を実現する上で重要となるのがマーケティングの機能である。

自社が持つ高い技能を活かしつつも、現代の顧客ニーズを捉えた商品を生み出す商品企画力が必要である。それと同時に、自社のこだわりや価値観を顧客に愛されるブランドへと昇華させるブランディング施策も重要だろう。

技術者と市場のつなぎ手となるマーケターを育成することが、星時計工業には求められている。

変革への取り組みフェーズ1：100年後も続く会社になるための存在意義の再規定

会長からのアドバイスでヒントを得る

「このまま行っても、業績は回復する目処も立たないし、熟練技術者が辞める事態まで起きてしまった。一体、どうすればいいいんだろう……」

悩んでいるゆかりの様子を見かねて、先代社長であり現会長である父が声をかけた。

「どうにも進む方向が見つからないなら、一度、原点に立ち返ってみるといいんじゃないかな」

その言葉に、ゆかりは思わずハッとした。

「具体的にはどうすればいいの？」

と尋ねると、父は答えた。

「例えばだけどね、我が社は創業して100年以上経っている。次の100年も続いていくような会社になればいいなと思っているが、それをテーマにして、これからどういう会社なら次の100年も続けることができるのか、みんなで知恵を出し合ってみたらいいんじゃないか。その出発点とするためにも、なぜこれまで100年も続けてこられたのか、改めて考えてみることも大事だと思うのだが」

ゆかりは、なるほど、と思った。

「そうだ。一度、この会社がここまで続いてきた理由を考えてみよう。そこからヒントが出てくるかもしれない」

父の発案・後押しを受け、「100年後も存続する会社であるためには」のテーマで、あるべき組織の形について検討を行うことにした。

社員全員にヒアリング開始

「遠藤さん、やりたいことがあるんだけど」

ゆかりは遠藤に次の100年も存続するために、何が必要かを考えるプロジェクトを発足させたいと相談した。社長の提案を受けた遠藤は、しばらく考えた後、ゆかりにある提案をした。

「社員全員に話を聞いてみてはいかがでしょうか?」

実は遠藤は、会長から「今いる100人の社員たちの思いをくみ取ってやって欲しい」と声を掛けられていたのだ。そして思いをくみ取るには、一人ひとりから話を聞かなければならない、と考えていた。

遠藤の提案に、ゆかりはもろ手をあげて賛成した。実はゆかりもまた、「みんなに話を聞いてみたい」と思っていたからだ。

意見の一致した二人は、「100本ノック」と題し、社員100人全員に対するヒアリングを敢行した。社員一人ひとりから、会社に対する思いやこれまで自社が発展してきた理由、これからの組織に期待したいこと、100年後もお客様に愛される存在でいるために自分たちがすべきことは何か、について意見を述べてもらった。

ヒアリングを進める中で、ゆかりと遠藤は、自社の競争の源泉が、他社には真似できない〝技能〟にあることを改めて認識することとなった。

その結果、自社の競争の源泉である、マイスターの〝技能〟を育て続けられる、「スターファミリー」としての組織をこれからも堅持していくことが大事だとの思いに至った。長い時間を要するマイスターの育成には、社員が安心して仕事に打ち込める環境が必要だと理解したからだ。

このヒアリングを終えたあと、ゆかりは遠藤から

ある想いを打ち明けられ、驚きとショックを覚えた。

「社長、私は辞職させていただきたいと思います」

「遠藤さん、どうしてですか？　ヒアリングを終えたとはいえ、プロジェクトは始まったばかりだし、改革もまだまだこれからです。なのにどうして今なんですか？」

実は遠藤の中には、ヒアリングを重ねていくうちに、後悔の気持ちが芽生えていた。

「この会社にとって、何が大切なのかがよく分かった。スターファミリーとして、共同体組織をこれからも堅持する方針を選択した経営判断も間違いではないと思う。だとしたら、貴重な技術職を離職させてしまったのは、大きな間違いだったことになる。それは自分の責任だ」

そんな後ろめたさを、ヒアリングを続ける中で、遠藤は抱くようになっていた。だからけじめとして、遠藤は辞職の意向を社長に伝えたのだった。

「遠藤さん、それは違うと思います」

ゆかりは遠藤に答えると、続けて言った。

「遠藤さんの会社改革の内容は、必ずしも全て否定されるべきものではないと思っています。それに、その改革を意思決定したのは私自身でもあります。だから責任は私にあるんです」

「これからの100年も存続、発展し続けるためには、競争の源泉の軸を持ち続けながらも、変えるべきところは変えていく必要があります。その改革に、遠藤さんの力が必要なんです」

「同じように神戸で生まれ育ち、地域を愛する人間として、引き続き改革の責任者として職務を全うし〝神戸のスター〟を一緒に守って欲しいんです。そのためにも力を貸してください」
そこまで言われて、断る理由はなかった。遠藤は、新たな気持ちで職務に取り組むことを決意した。

変革への取り組みフェーズ2：守るべきは守り、変えるべきは変える

ベテラン技術者が得た安心感

ヒアリングを終えて社員の思いを聞いた社長と遠藤は、それを踏まえ、組織改革を実行に移すことにした。自分たちのアイデンティティを守りつつ、時代の変化に耐えうる組織にする必要があった。

遠藤がこれまで進めてきた制度改革は、安定性や公平性を重視した共同体組織を改め、市場や顧客ニーズを重視し、業績意識を高める機能体組織へ変革しようとしたものだった。しかしその方向転換は、社員から反発を買うばかりか、コアコンピタンスである、高い技能を持ったマイスターの育成にも悪影響を及ぼしかねないことが分かった。

そこで、社長と遠藤は、「スターファミリー」という共同体組織は維持しながらも、さらに強みを伸ばしながら、弱みを補う組織にするための策を考えることにした。

強みを伸ばすために取り入れたことの一つが、技能伝承制度である。マイスターの技能は人から人へ伝わるものであるがゆえ、人財育成が属人的に行われてきた。いわば師匠と弟子のような関係性である。昔ながらの育成方法では、一人前のマイスターを育てるのに時間がかかりすぎることや、若手の育成レベルにバラつきがあることがネックだった。

一人前のマイスターになるころには、ある程度の年齢に達しているため、新商品の開発スピードが遅れがちで、若いお客様の感性にあった着想が弱いことや、技術革新が生まれにくいことも問題だった。

それを解消するために、技能の暗黙知をできるだけ形式知化し、適切なステップで若手技術者の技能を伸ばす教育制度を採り入れることにしたのだ。

「これまで暗黙知《あんもくち》になっていた、マイスターの育成をきちんと目に見えるようにして、着実に育成できる制度を考えて欲しい」

社長の星はそう号令をかけ、人事部長の手も借りながら数か月かけて、技能伝承制度の枠組みを完成させた。

続いて行ったのは、マーケティングを担う部隊の組織化だ。本来、商品開発は、商品企画と製品開発に機能として分断されるべきものであるが、星時計工業の場合、長年の慣習で商品企画そのものを技術者に委ねてきた。そのため、技術者のこだわりを重視しすぎて、玄人好みの商品しか生み出すことができていなかった。

「これでは、いくら品質的に素晴らしい商品をつくれたとしても、お客様に選ばれる商品が生まれてこない……」

社長の星はそう危機感を抱いていた。

そこで、これまで専任メンバーのいなかったマーケティング部門を新たに創設し、技術者が保有する技能と顧客のニーズを結びつける役割として、商品の企画に関与させることにした。

そんな折、経営企画部長である遠藤は、前職時代の後輩でありマーケティング部門のリーダーを務めていた女性の河本が、家庭事情により退職を考えていることを聞きつけた。彼女の有能さを知っていた遠藤は、それなら是非自社に引っ張りたいと、個別に会う機会をつくり話を持ち掛けてみることにした。

「うちには素晴らしい技能を持ったマイスターたちが何人もいる。歴史もあって優れた商品をたくさん生み出してきた。けれども、それだけではこれから先、１００年生き残っていけないと思う。河本さんの力が必要なんだよ」

そんな言葉を遠藤は河本に投げかけた。

すると期待していた以上に好反応を得ることができた。就業条件さえ合えば、是非入社して頑張りたいと言ってくれたのだ。


社長の星との面談を経て河本の入社が確定すると、正式に彼女を中心としたマーケティング部門が立ち上がることとなった。

「こんなに歴史があり、素晴らしい技能を持った技術者が、たくさんいる星時計工業での仕事はとてもやりがいがある」

河本は星や遠藤の期待にしっかりと応え、精力的に動きまわった。

すると、星時計工業がこれまでやったことのない、同じ神戸が発祥のアパレルブランドとコラボレーションした、新商品の企画が立ち上がることとなった。

「それは面白いかもしれない。あの会社とのコラボレーションなら、神戸ブランドとしての価値も高められそうね」

社長の星はそう後押しした。

そしてそこから約1年後に商品は完成し、販売に漕《こ》ぎつけることができた。こうして生まれた商品は、星時計工業にとって久々のヒット商品となった。

次の100年を目指したブランドの強化

マーケティング部門が担った役割は、商品企画だけではなかった。100年後も存続し続ける会社であるためには、ブランドを確固たるものにする必要があったからだ。そこで、新たなブランド戦略を考え、リブランディングに取り組むこととなった。

リブランディングは、社長の星と遠藤、河本の三人が中心となって進めた。ブランディングコンサルタントの支援も受けながら、コーポレート・アイデンティティ（CI）、ブランド・アイデンティティ（BI）、ビジュアル・アイデンティティ（VI）を一通り見直すこととなった。

こうした取り組みの中で、自社の商品を届けたいお客様とはどのような人たちなのか、自社の商品を通してどのような価値を提供したいのかが明確になった。

「良いブランドメッセージができたね」

会長である父も褒めてくれた。

「これで自分たちの存在価値を、外にも内側にもきちんと伝えることができる……」

社長の星はそう確信した。

また、星時計工業がブランドに込めた思い、こだわりを「ブランドプロミス」として新たに打ち出し、社員たちの行動指針へも反映させた。こうしてブランドに息が吹き込まれていった。

さらには、自社のコアコンピタンスとも言える、熟練技術者のマイスターたちの個人ブランディングにも取り組んだ。

「マイスターたち一人ひとりの高い技能や、商品に込めた思いやこだわりを、しっかりお客様に伝わるようにしましょう」

河本はそう提案した。

突然、スポットライトを当てられることになったベテラン技術者たちは、最初は照れくささもあり後ろ向きな反応を示していたが、彼らを題材にしたカッコよいプロモーションツールが

できあがると、皆、誇らしさを感じたのか嬉しい表情を見せていた。
それを見た社長の星は、「あぁ、やってよかったな」と安堵《あんど》したのである。

終わりに

星時計工業のように長い歴史を持つ企業の変革の難しさは、「守るべきもの」と「変えるべきこと」の見極めにある。自社のコアコンピタンスは何なのか、またそのコアコンピタンスを支える上で望ましい組織体は、どのようなものなのかを、まずは考えなければならない。

星時計工業の場合、それが「共同体組織」というあり方であった。共同体組織であるからこそ、星時計工業のコアコンピタンスである熟練技能を持ったマイスターを育て、高い品質の商品を生み出すことができてきたのだ。

そこを見失って表面的な顧客志向に走り、短期的な成果を重視する機能体組織へと転換を図れば、自社のコアコンピタンスを失うことになりかねない。

その一方で、共同体組織は内向きになりがちな性質を持ち、時代の流れや市場環境の変化に取り残されてしまうリスクが高い。それゆえに、外部環境の変化と自社の強み、コアコンピタンスを上手く連動させる役割、機能が必要となる。

星時計工業の場合、その機能を新たに創設されたマーケティング部門が上手く担うことができた。外部から新たな血を入れたことも良かっただろう。今までになかった機能が追加され、組織の活性化につながった。

組織の変革は、事業のステージのよって打つべき対策がまったく異なることに難しさがある。同じ施策でも、誤ったタイミングや状況でそれを講じてしまえば、効果はまったく違ったものになる。

星時計工業のように、誤った対策が組織の崩壊やコアコンピタンスの失墜につながらないよう、適切な見極めを行っていただきたい。

モンスター組織

CASE 08

業績第一パワハラ組織

「業績目標達成第一」の営業部長が苦悩する「脱パワハラ組織」への変革

～「行動量の管理」から
「プロセス、行動の質の管理」へと
転換を図ることで社員定着率が向上～

登場人物

①第一営業部長：大澤勇樹（51歳）

- 営業現場一筋のたたき上げで部長に昇進
- 営業最前線時代にはトップセールスを連続で記録
- 上司から厳しい言葉や詰めを受けても屈せず跳ねのけて成果を出してきた
- 部下に対してのマネジメントも業績成果第一で、なぜできないかを問い詰め行動させ、圧力を掛けながら徹底的に管理して達成させる手法しか持ち合わせていない
- 部長となった今、パワハラを気にして部下たちを詰められない現状に不満を抱いている
- 役員陣に蔓延る、問題を起こすなという事なかれ主義に苛立《いらだ》ちを感じている
- 今の若手はやる気がない、要求が多いと感じている

②人事課長：永島敏明（34歳）

- 営業を数年経験した後に人事部に異動、新卒採用に携わり、現在は組織制度設計を担当する人事課長となる
- 自分が採用した若手社員からの信頼は厚く、会社からは若手代表の声として受け止められている
- 第一営業部に配属された若手社員が、軒並み退職や休職に追い込まれている現状に不信感と危機感を抱いている
- 与えられた使命に対して一直線で考えるため、上下関係や規律をないがしろにしてしまいがち

■イントロダクション■

小売店向けにキッチン用品や簡易家電を製造・販売する大橋製造は、業界大手の空白を狙った商品を出し、絶妙な品質と価格のバランスでシェアを伸ばしてきた。業績成果第一主義（歩合制を主軸とする評価制度）で厳しい職場環境だったが、給与水準が高いため、若くして稼ぎたい社員が多く集まっていた。

だが、売上650億円、社員数400名の規模となり、大橋製造も業界大手の一角を占めるほど成長した現在、成長のひずみが現れ始めている。具体的には、業績拡大を急ぐあまり、大橋製造でもパワハラが表面化するようになり、裁判沙汰となったケースも出るようになった。そのため、ブランドイメージの毀損を恐れた役員陣は、パワハラ型のマネジメントを禁止するようになった。マネージャー陣はパワハラを恐れて部下に対して厳しく接することができず、逆に甘やかしてしまう現状も発生しており、それに伴い売上など数値も徐々に伸びなくなっていた。また、近年採用された若手社員は、採用時の価値観が異なり、部長世代の業績一辺倒の目標設定にはついていけないと感じていた。

人事課長の永島は、自身が採用した若手世代の離職率や休職率が高止まりしていることに危機感を持ち、営業の本丸である第一営業部にメスを入れようと変革の一歩を踏み出そうとしていた。

変革前の大橋製造

たたき上げ部長の苛立ち

「一体どうしろっていうんだよ。若手には厳しく指導するな、でも業績は達成しろって……。そんな矛盾したことを言われても、どうしたらいいんだよ」

第一営業部部長の大澤勇樹は毎日のように、同じ悩みに直面していた。大澤は大橋製造で、営業現場一筋のたたき上げで部長に昇進した。営業最前線に立っている時代にはトップセールスを連続で記録するほど優秀な営業社員だった。

部長に昇進するまでになったのは、上司に徹底的に鍛えられてきたからだ。だからトップセールスも記録できたのだ、と大澤は思う。実際、上司からは厳しい言葉や問い詰めをひんぱんに受けてきた。それに屈することなく跳ねのけ、ばねにして成果を出してきた。

そんな自分の経歴があるから、部下に対しても業績成果第一で、なぜできないかを問い詰め

行動させ、圧力を掛けながら徹底的に管理して達成させるマネジメントが良いと思っていたし、手法としてはそれしか持ち合わせていない。

ところが部長になった今になって、「そういうやり方は良くない」と会社は言うようになった。「とにかく問題を起こさないでくれよ」、役員クラスはそう言う。なんでも、パワハラにあたるからだそうだ。

実際、パワハラをめぐる裁判も起きたし、世の風潮もあるだろうが、「どうしたらいいんだよ」という悩みに戻ってきてしまう。自分だけじゃない、マネージャーはマネージャーで、パワハラになるのを恐れて、部下に厳しく迫ることができなくなっている。

「でも問題は、今の若手にもあるんじゃないか」と大澤は思う。どうにもやる気が感じられないのも問題だし、その割にはやたらと自己主張をする。この前もそうだ。ちょっと業務を頼んだら、「すみません、その日は残業できないので」と断ってきた。

昔なら、上司に言われたら「はい、やります」と二つ返事で引き受けたのに。だからといって、ちょっと厳しいことを言うとすぐに辞めてしまったりする。

この前もマネージャーにぼやかれた。「部長、ちょっと注意しただけで、『それ、問題じゃないですか。パワハラって知ってます?』と返してくるんですよ。どうやって指導したらいいんですかね?」と泣きそうな顔をして言ってきた。

昔は良かった、と大澤は思う。大手に負けないよう、大手の牙城を崩すぞ、市場を取ってやるぞ、会社を成長させるぞ、という強い思いが全社員にあった。だから、上司がどれだけ厳しくても、社員全員で一致団結していた。

「でも今は違う。誰一人として、同じ方向を向いていない」と思う。

人事もうるさいことを言ってくる。永島人事課長は「評価制度を改訂しませんか」と提案してきた。「業績、成果が第一でどこが悪いというんだ？　変えるのなら、何を基準にするんだ？」と疑問しか浮かばない。もし、評価制度が変わったら、これまでの制度で昇進してきた人間の評価はどうなるんだろう。先日も「僕らの給料、どう変わるんですかね？」と聞いてきた部下がいたが……。自分も含め、心配だ。

それだけではない。「教育やコミュニケーションにもっと時間を割くようにしてください」と人事は言ってくる。でもそんな時間を費やす暇があったら、少しでも営業の数字を取るよう

に時間を使わせたい。

大澤は、「営業目標は変わらないのに新しいことをやれなんて、現場のことが分かっていないのではないか」と会社にも不満を抱いていた。

板ばさみの中で苦しむ人事部

「営業部、だいぶ不満を持っているようですよ。営業にいる同期とこの前、昼ご飯を食べたんですけど、大澤部長をはじめ、上の方の人が、人事の文句をかなり言っているらしいです」

部下の一人が言う。その言葉に、人事課長を務める永島は「そうか」と短く答えて、もう少し話したそうにしている部下に対し、話を切り上げた。

「そんなことは十分分かっているよ」、心の中でつぶやいた。

部下に聞かされるまでもなく、この前も大澤部長の不機嫌な顔を見たばかりだ。「部下とももっとコミュニケーションを持ってください」と言ったら、「そんな時間があったら業績を上げるために使いたいね」と言われた。営業一筋のたたき上げ、これまでのやり方が身に染み付いているのだから無理もないとは思うが、変わってもらわないと困る。

今、会社が最も問題にしているのは離職率の高さだ。それが相まって、学生からの人気も低下傾向にある。だから役員からは、離職率の低下と採用ブランドイメージの向上を課題として期待されている。

そればかりではない。「全盛期の業績を取り戻せるよう、管理体制も再構築して欲しい」とも言われている。実に難問に直面しているのが今の人事だ。なぜなら、業績を上げようと言っても、かつてのような厳しいマネジメント手法をとるわけにはいかない。パワハラだけは許してはならないからだ。

うちの会社は、今の営業部が象徴だが、とにかく業績第一、厳しいマネジメントでやってきた。でもそれがパワハラとされる今日は絶対に禁止しなくてはいけないし、昔からのやり方が、採用において人気低下傾向を招いてもいる。厳しい会社というイメージを薄めて、キャリアの多様性ややりがいを押し出す採用戦略をとらないといけない。


そうした方針をこの数年、打ち出してきた。ところがそれが新たな問題を生んでいた。以前からいる社員と、ここ数年に入社した社員とでは意識にかなり差があった。新入社員が受け身かつ温室育ちの傾向に見えることに、現場は良い印象を持っていないようだった。

その筆頭が、大澤部長の第一営業部だ。あそこは従来のやり方からなかなか変わろうとしないから、第一営業部に配属された若手からは「採用時とのギャップが大きい。話が違う」という声を聞く。変わろうとしない営業部には困ったものだ、と永島は思っていた。

大澤部長からはこんな文句も言われている。「最近の若手は積極性がなく、自身で仕事を取りに行かないサボリーマンでやりたいことしかやらない。なんでこんな人間ばかり採るんだ?」

永島は、そんなつもりはなかった。「採用したときは意識も高く自主性もあり活躍できると確信したのだが、なぜこうなってしまっているのだろう……」、それも悩みの種だった。

考えていくと、一つの仮説につきあたる。「現行の評価制度も問題なんじゃないか」。

現在は業績評価の全体の8割を占め、業績に表れない努力や貢献はほとんど評価されていない。それが若手のやる気を低下させているんじゃないか……。評価制度の見直しを考えたいと永島は思っていたが、マネージャー陣の反発が予想されると思うと、憂鬱だった。

解決すべき課題と対策の方向性

◆対立構造の整理

大手に「追いつき追い越せ」で、パワハラ型のマネジメントのたたき上げで育った世代の現在のマネージャー陣。だがそのやり方が時代に合わなくなり、改革に踏みきろうとするが、なかなか変わらない現場、というのはありがちな構図だ。

一方、現状を変えたい人事部は、評価制度を変えることで、考え方も変わるのではないかと考えているが、現場の抵抗は強い。営業部門である以上、業績成果で評価されるのは当然であり、「頑張れば給与が上がる」ことをモチベーションに頑張っているメンバーも多いという。評価制度を変えることは、むしろリスクではないかと感じているのだ。

営業部門としては、業績目標を達成するために、ある程度厳しく育てる必要があるのに、厳しくすると若手人財はすぐに辞めると言い出す。会社からは「もっと大事に育てろ」と言われるが、むしろ人事部の人財採用が間違っているのではないか、とさえ思っている。もっとやる気が高く、タフな人財は採用できないものなのか、と考えているのだ。こうして、お互いが問題意識を抱えながらも、どう解決してよいか分からない状況に陥っている。

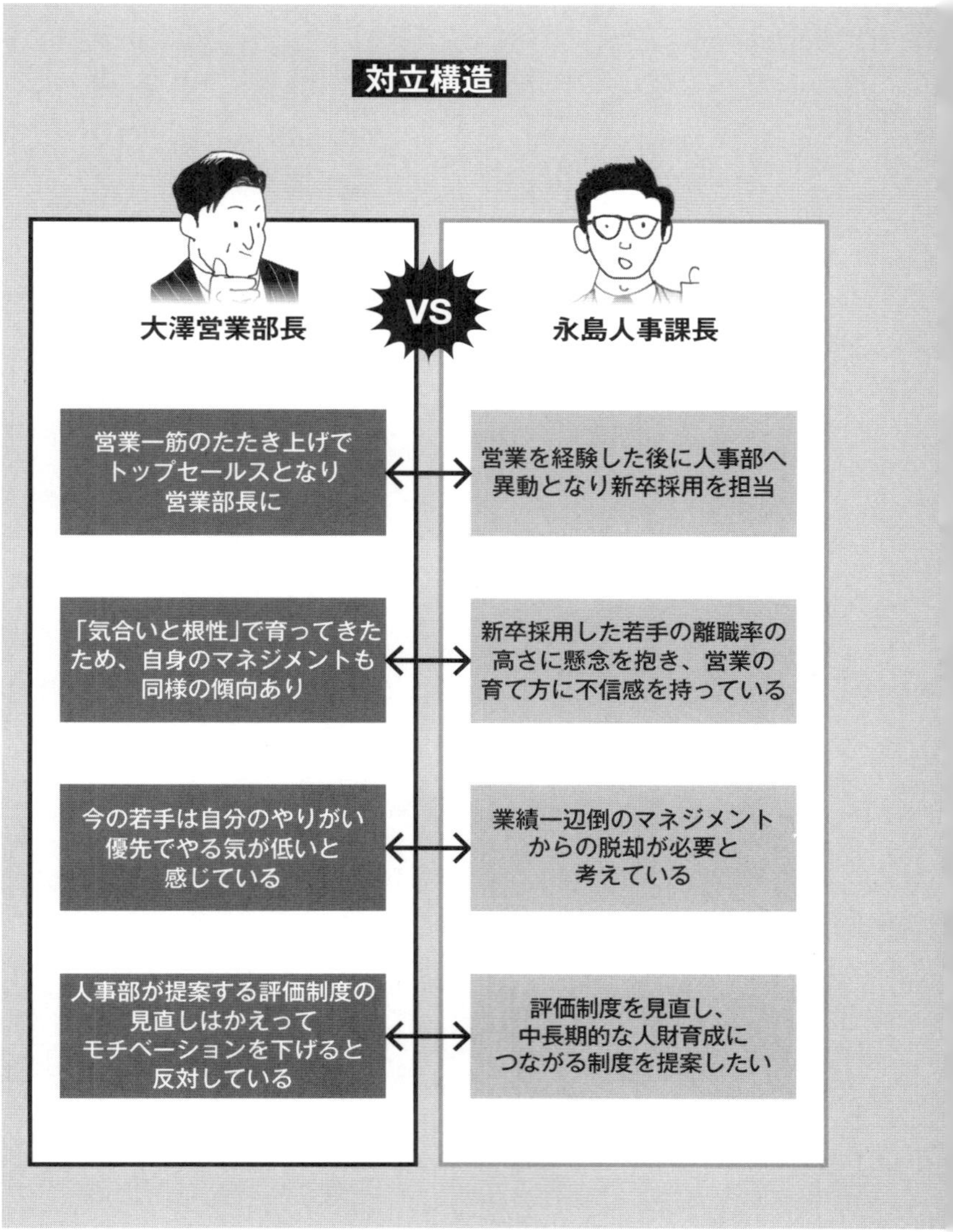
対立構造
大澤営業部長
VS
永島人事課長
営業一筋のたたき上げで
トップセールスとなり
営業部長に
営業を経験した後に人事部へ
異動となり新卒採用を担当
「気合いと根性」で育ってきたため、自身のマネジメントも
同様の傾向あり
新卒採用した若手の離職率の
高さに懸念を抱き、営業の
育て方に不信感を持っている
今の若手は自分のやりがい
優先でやる気が低いと
感じている
業績一辺倒のマネジメント
からの脱却が必要と
考えている
人事部が提案する評価制度の
見直しはかえって
モチベーションを下げると
反対している
評価制度を見直し、
中長期的な人財育成に
つながる制度を提案したい

◆「5つの成果」の考え方を取り入れる

第一の問題点は、**過度に業績目標達成に偏ったマネジメント**である。「契約」といった結果指標と「どれだけ顧客のところに足繁く通えているか」といった行動量の管理ばかり行ってきた習慣が根付いていることである。もともと営業管理とはそういうもの、という経験の上でやってきた大澤部長は、それ以外のマネジメントの手法を持ち合わせていない。営業は常に結果が求められる厳しい世界なのだから、多少の厳しさは必要だろうという考えがあるがゆえに、パワハラと受け取られがちな相手を詰めるコミュニケーションになってしまっていた。そうした習慣から、営業を科学し、質を高めるマネジメントにどう脱却できるかが最大の課題といえる。

中長期的に成長発展していくためには、短期的な業績成果だけでなく、仕組みづくりや人財育成に注力する必要があり、それが業績一辺倒の風土を変えることにもつながる。業績目標の達成意識は大事だが、そのことイコール「詰めるマネジメント」では決してない。異なったアプローチで、成果を上げるためのマネジメントのあり方を取り入れるべきだ。

そのための一つの考え方として、組織・会社の成果を「業績」「より良い仕組み」「人財育成」「CIS（顧客感動満足）」「EIS（社員感動満足）」という「**5つの成果**」で捉え

■「５つの成果」で考えるマネジメント

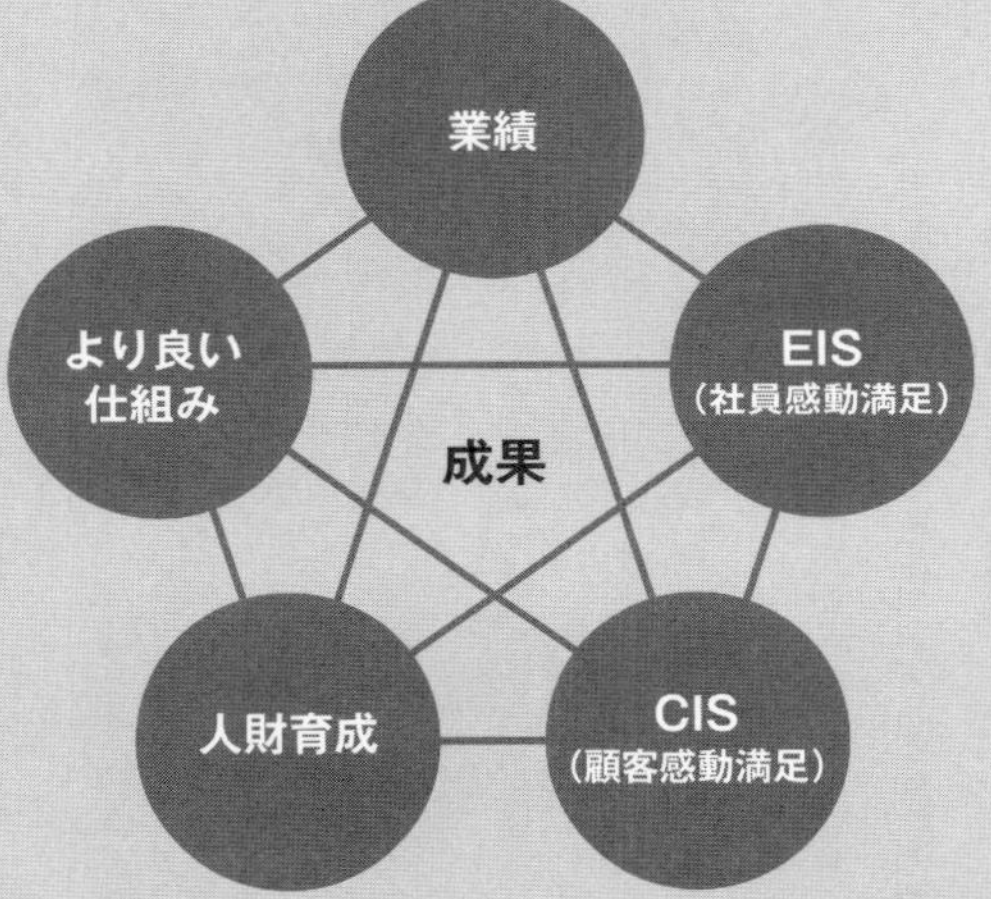

「業績」成果

売上、利益、受注数、顧客開拓数など業績面での数値的成果

「より良い仕組み」成果

制度やルール、経営管理の仕組み、業務の標準化など、
どれだけより良い仕組みができたかの成果

「人財育成」成果

経営幹部、リーダー、若手人財などがどれだけ育ったかの成果

「CIS（顧客感動満足）」成果

顧客満足がどれだけ高まったか、感動満足を創出できたかの成果

「EIS（社員感動満足）」成果

社員の働きがい、モチベーション、会社へのロイヤリティ、
エンゲージメントがどれだけ高まったかの成果

ることを取り入れたい。5つがバランスよく強化されることで、組織に真の実力が伴ってくるだろう。

また、もしマネージャー陣にマネジメントスキルが不足しているならば、営業マネジメント体制の再構築プロジェクトを発足させ、新たなマネージャーを外から引っ張ってくるか、コンサルタントなどの外部を入れてマネジメント体制の変革を図ることが望ましい。

その中で営業戦略から逆算したKPIを設定し、結果しか見ないマネジメントからプロセス重視のマネジメントへの転換を図る。具体的には、「訪問数」や「提案数」といった行動の「量」だけでなく、「提案率」や「リードタイム」「継続率」といった「質」に注視するように転換していく。

◆若手人財の早期戦力化に必要なこと

第二の問題点は、きちんと**若手を育てる教育の仕組みがない**ことである。それが若手人財のモチベーションの低下や離職につながっている。昨今の若手人財の特徴として、やるべきことが明確であれば真面目に取り組む傾向があるため、やり方を標準化し、属人的なスキルに委ねない営業の仕組みづくりとトレーニングが欠かせない。「上司や先輩の背中を見て覚えろ」では、いつまで経っても若手は育たないことを理解しなければならない。

そこで、営業の質を高めるための仕組みづくりと人財育成を同時に進めたい。自社にとってのベストプラクティスをベースにやり方を標準化し、それを実践しKPIを定点観測することで新たな課題を見出し、仕組みをブラッシュアップしていく。そういった「営業を科学する」習慣が、着実なスキルアップと成果創出につながるだろう。

また昨今は、人財育成にも有効なデジタルツールが多数開発されているため、生産性の高い育成を進めるために、そうしたツールの活用もおすすめしたい。

◆評価制度は共同でつくり上げる

三つ目の問題点は、**ライン部門とスタッフ部門の連携不足**である。スタッフ部門は自分たちの考えだけで制度をつくり変えようと先走る傾向があり、そのため、ライン部門との連携が欠けてしまっている。ライン部門の課題を理解した上で、評価制度など全社に関わる制度設計を考えていく必要がある。

従って、営業マネージャーや営業社員の評価制度の見直しにおいては、お互いが意見を出し合い考えていくことが大事である。その上で、マネージャーの評価には、人財育成の評価項目を新たに設定し、**営業社員は業績成果に加えKPI達成度やスキルの向上も評価項目として設定**するのがいいだろう。

	近い点数をつける。下位レベルをクリアしなければ、上位レベルへは進めない）								
	係長級相当レベル			課長級相当レベル			部長級相当レベル		
	不十分（6割以下）	おおむね（8割前後）できている	ほぼ完璧（9割以上）にできている	不十分（6割以下）	おおむね（8割前後）できている	ほぼ完璧（9割以上）にできている	不十分（6割以下）	おおむね（8割前後）できている	ほぼ完璧（9割以上）にできている
	350	400	500	550	600	700	750	900	1000
	売上目標達成に向けた動き方、考え方を伝え、執着心を持って目標に取り組むことの重要性を伝えることができる			売上目標達成の進捗管理ができ、達成が難しい場合は、達成のためのアクションプランを検討、実施できる			今期の売上目標達成に向け、契約だけではなく、後工程の負荷状況や、業務状況に配慮した組織の運営ができる。インセンティブの設計や表彰制度の構築など営業部隊として望ましい雰囲気を作り出せる		
	会社の利益率に対する方針を理解し、安易な値引きのもたらす弊害についてメンバーに教育ができる			価格の見せ方伝え方の工夫をした提案によって、自チームの適正利益率を守ることができる			会社の利益と取引の成果を最大限に考慮の上、戦略的な視点（メンバーの育成や競合への負け癖排除など）で値引きの判断を実施できる		
	プロセスデータをもとに各メンバーの育成方針を作成し、育成のサポートができる			プロセスデータをもとに自チームの課題を抽出し、課題を解決するための仕掛けを提案、実施できる			セールスステップの見直しなど、プロセスを抜本的に変更する施策を検討、推進できる		
	左に加えて、効果的な新規顧客発掘の仕方をメンバーにアドバイスできる			チームの自己開拓目標にもとづいて、達成するための計画立案、対策、アクションを実施することができる			会社の新規顧客獲得目標にもとづいて、それらが達成されるよう部内のマネジメントができる		
	メンバーの営業活動上の課題へのアドバイスができ、必要に応じて、同席サポートをすることができる 効果的な来場促進のための誘致トーク、効果的な案内の順序の設計と、当日の案内トークの教育ができる			メンバーの案件のレビュープレビューを実施することができ、必要に応じて、同席サポートをすることができる。来場促進がうまいメンバー、案内後の契約率が高いメンバーのトーク内容を収集し、チーム全体の活動の質を高める取り組みができる			プラン提案、見積もり作成をよりスピーディに行うための投資や施策の提案ができる。イベントの運営で、各部門の負荷を考えながら、柔軟な運営体制を実現できる。効果的な活動のルールづくりなど、会社の仕組みとして残る活動ができる		
	お客様の真のニーズを捉えた提案型営業について部下にアドバイスができる			エリアのニーズや、競合他社の情報を収集し、チームメンバーの提案レベルを向上させることができる			自部門の提案内容のレベルを把握し、提案後の成約率を向上させるための施策を打ち、成約率の向上を実現することができる		
	必要に応じて、クロージング同席を実施して結果が出せる。後工程に負担を掛けない契約の取り方について、メンバーにアドバイスできる			チーム全体のクロージングスキルを上げるための勉強会や成果事例の共有などが行える。後工程の内容について、メンバーの理解を上げるための取り組みができる。結果として、数字を伸ばす上で最適な流れを提案できる			後工程の責任者と相談しつつ組織の負荷状況に応じた、適切な契約の取り方や、役割分担を提案し、結果として、数字を伸ばす上で最適な組織体制を提案できる		
	契約後の業務の進め方に関して、メンバーに教育をし、指示を出すことができる。契約後の顧客とのやりとりの進捗について、メンバーの状況を管理し、問題が発生した場合に即時報告ができる			自チームの売上計上案件やイレギュラーな案件に関して、他部門や顧客との調整（入金ずれ対応など）を行うことができる			部門全体の売上計上案件やイレギュラーな案件に関して、他部門や顧客との調整（入金ずれ対応など）を行うことができる また、入金ずれが発生した場合は即時報告し対策を立てることができる		

■営業部門の評価項目事例

	評価項目	評価基準＆点数（実際の等級とは関係なく、実際にできているレベルに					
		初級相当レベル			主任級相当レベル		
		不十分（6割以下）	おおむね（8割前後）できている	ほぼ完璧（9割以上）にできている	不十分（6割以下）	おおむね（8割前後）できている	ほぼ完璧（9割以上）にできている
		0	50	100	150	200	300
1	売上管理	受注、成約のために設定したアポ件数、面談件数のプロセスの達成に執着心を持ち、個人売上目標達成に向け最後まで取り組めている			個人の売上目標をおおむね達成し、執着心を持って最後まで取り組めている		
		★					
2	利益管理	※初級は評価対象外。初級のみ点数は空欄とする。（等級欄に「初級」と入力するとウエイトが0になる）			適正利益率を理解して契約が取れる		
3	活動管理（プロセス管理）	自分自身の営業活動をきちんと記録し、アドバイスを得ることができる。また、自ら設定したプロセス目標にこだわって活動できる			自分自身の営業活動を振り返り、自ら問題点を見出して成長課題を設定し、挑戦することができる		
		★					
4	自己開拓	顧客を自ら発掘することができる（月○件以上）			新規顧客を継続的に発掘し、提案につなげることができる（月○件以上）		
		★					
5	営業活動（初回接客・追客・イベントの運営など）	営業活動、イベント準備運営のサポートができる。イベント当日の活動サポートや、案内のための下準備、実際の案内ができる			自分一人で営業活動、イベントの準備運営を完結することができる。受注、成約に向けた当日の案内トーク、効果的な案内の順序の設計ができる。イベント当日から、次回のアポイントにつなげることができる		
		★					
6	提案	お客様からのご要望をヒアリングし、上長と相談しながら提案に必要な情報をまとめることができる			御用聞き営業（お客様に気に入られるまで情報を持っていく）ではなく、提案型営業ができる		
		★					
7	契約業務 ※クロージングスキル ※後工程に負荷が少ない契約の取り方	契約に必要な内容を把握しており、上司と相談し、場合によっては上司に同席してもらうことで、契約を得ることができる。後工程の流れを把握している			契約時までに決定すべきことを決めた上で、自分一人でクロージングができる。後工程に負担をかけない契約の取り方ができる		
		★					
8	契約後業務	契約後に実施すべき内容を把握しており、場合によっては上司にアドバイスをもらいながら適切に進めることができる			納品が予定通りに行われるように、契約後の段取りを自分一人でコントロールすることができる。入金が予定通りにされるように、自分一人でコントロールできる		
		★					

変革への取り組みフェーズ1：営業マネジメント体制の再構築プロジェクトの発足

外部からの指摘で実感した組織変革の意義

営業部長の大澤は、実はこのまま変わらなくていいと思っているわけではなかった。若手の意識について不満はあるものの、時代が変わればそれも仕方ないことだ、とも感じていた。だから人事が言っているように、営業部門のマネジメント体制を見直す必要があるとは認識していた。

ただ、自分は自分が育ってきたやり方しか知らない。それを押し隠すために、永島人事課長に対して不満げな態度を取ってきた面があるのも否めない、と自覚していた。何をどのように変えればよいのか見当がつかない。

思い余って、社長に相談することにした。「社長、実は相談したいことがあります」。すると社長は、「そうか。労《ねぎら》いもかねて、一席設けるか」と、ゆったりと話せる小料理屋の個室を予約してくれた。その席で、大澤は社長に、自分の抱えている悩みを打ち明けた。すると社長は「人間、誰にでも持ち合わせている知識や経験には限界があるよ。そういうときは人の知恵を借りるといい」と言いつつ、あるコンサルティング会社を教えてもらった。

「そうだ、分からないことは人に頼るべきだ」

大澤はそのコンサルティング会社に相談することにした。

コンサルティング会社の人の話は新鮮だった。話を聞く中で、自分たちの組織における一番の課題は、営業メンバーの行動量に偏ったマネジメントであり、質の改善に注力してこなかったことだと気づかされた。

「もっと顧客のところに足を運べ、新しい顧客を開拓してこい、とは口酸っぱく言ってきた。けれど、受注率を高める上でセールスステップのどこに問題があるかは細かく分析できておらず、具体的な改善策も示せていなかったな」

自分たちのやり方を反省すると、「凝り固まった自分たちのやり方から脱却するためにも、外部の力を借りてみるのも良いかもしれない」と考えるに至った。

プロジェクトをスタートさせ、KPIの再設定に着手

大澤は、コンサルティング会社のコンサルタントとともに、二人タッグでプロジェクトをスタートさせることにした。まずはじめに取り組んだことは、セールスステップの再構築と、それに則《のっと》ったＫＰＩの設定である。具体的には、リピート受注や受注額の拡大を目的とした既存顧客向けのセールスステップと、新規顧客の開拓のセールスステップをそれぞれ見直すことだった。

第一営業部の中でも安定して好成績を残していたメンバーにインタビューを行った。「インタビューさせてくれよ」、冗談交じりに頼むと、「え、インタビューですか？　緊張するなあ」と照れと戸惑いを見せながら、彼らは真剣に、どのような営業活動を行っているのか、その中でポイントとなっていることは何かを喋ってくれた。それらを吸い上げてみたところ、いくつかの「なるほど」と思える共通点が見つかった。

例えば、好成績を残しているメンバーはいずれも、顧客の課題をしっかりと把握した上で、それに合わせた提案をしている。決して自社が売りたい商品を売り込むのではなく、目の前の顧客が求めていることは何か、顧客の顧客（エンドユーザー）のニーズは何か、といったところに目を向け、それを引き出す能力が高い。

「なるほど、こうして分析してみると、面白いもんだな」

大澤はそうした点に着目し、「顧客の課題ヒアリング数」を新たなＫＰＩの一つに加え、またそのやり方を標準化することに努めた。

仕組みづくりと人財育成

セールステップの再構築に伴い、一つひとつのステップにおけるセールスシナリオの標準化も進めた。「そのためにはツールの見直しも必要」とのコンサルタントのアドバイスを受け、ｉＰａｄを活用した新たな営業アプローチブックが整った段階で、営業メンバーへの落とし込みを進めることとなった。

もちろん、誰もが改革にもろ手をあげて賛成しているわけではなかった。かつての大澤がそうであるように、ベテランメンバーの中には、「なんで今まで通りじゃ駄目なんですか」と不満をもらす者もいた。やり方を押し付けられることを好まず、反発するものは決して少なくはなかった。

一方で、これまでまともに営業のやり方を教えられずにいた若手メンバーには、有り難い機会と前向きに捉える様子が見て取れた。

ただし、ただツールを与え、やり方を示唆するだけで成果が出るものではない。しっかりと一人ひとりが新しいやり方を習得できるようにするには、どうすれば良いかを考える必要がある。そこで、セールステックの一つとして広がりつつあった「ロープレ動画アプリ」を活用したスキル学習を進めることとなった。

この「ロープレ動画アプリ」を使うことで、セールスステップごとのお手本動画を誰でも見ることができたり、お手本動画を参考に自分でも実践してみた動画をアップし、それを上司や先輩がアプリ上でフィードバックすることができた。

なんといってもメリットは、わざわざ全員が集まって大々的にロープレトレーニングをやる必要がなく、移動中などの隙間時間で動画をチェックし、フィードバックできるため、効率が良いことだった。「余計なことに時間を取られたくない」と考えていたベテランたちも、何とか受け入れてくれた。

また若手にとっては、「自分のトークのどの部分を具体的にどう改善すればよいか、ピンポイントでコメントをもらえるため、改善がしやすいです」という声が多く見られた。変わろうという機運が若手から起こり始めた。

こうした仕組みづくりと人財育成の甲斐あって、これまで受注がほとんど取れなかった若手メンバーが新たな顧客開拓に成功するなど、徐々に成果が見え始めた。

営業会議の変化

プロセス、行動の質を重視したマネジメントと仕組みづくりに注力し始めたことで、最も大きな変化をもたらしたのが営業会議の雰囲気だった。これまでは結果の報告と、未達成者を問い詰める場と化していたため、メンバーたちにとって営業会議は、一番モチベーションが下がる場でもあった。「できれば参加したくない」というのが誰もが抱いていた気持ちだった。

そこで、まず営業会議の場においては、個人を問い詰めることを一切禁じるルールを明確化した。あくまでも、個人にスポットライトを当てるのは成功事例の共有に限ることとした。会議に出る際のプレッシャーを軽減したのである。

その上で、営業会議で議論すべきは、さらに改善すべきプロセスは何か、という点にあることを明確化した。KPIの進捗を見ながら、プロセスの改善の新たな課題を抽出し、それに対する策を皆で意見を出し合う形にした。

すると、メンバーの納得度も高まり、意識や行動の変化がより進んでいった。それればかりではなく、会議で発言する者も増えていった。「部長、会議に出ることが前みたいな嫌な気持ちじゃなくなりました」。今までだったら気軽にそんなことは言えなかっただろう若手から、正直な言葉が出るようになった。これまで参加することにストレスしかなかった営業会議が、新たな気づきが得られる場として前向きに受け止められるようになったのである。

変革への取り組みフェーズ2：人事評価制度の見直し

人事部としての変革の後押し

人事課長の永島は、第一営業部の組織風土が変わりつつあることを感じていた。以前ほど、若手メンバーから愚痴を聞かなくなったのだ。最近は、辞めると言い出すメンバーも見当たらない。「大澤部長がプロジェクトを立ち上げたと聞いた。ようやく変わろうとしているんだな」と思うと、ほっとするとともに嬉しくもあった。

しかし一方で、短期的な業績成果だけで給与が大きく乱高下する評価のあり方に、不満の声は上がり続けていた。「今のように短期的な結果ばかりが評価されると、結局僕も前線に出て数字づくりに奔走しなくてはなりません。仕組みづくりや人材育成に力を入れる余裕なんてないですよ」、マネージャーたちからそんな不満が聞かれた。

そこで永島は人事部長に相談し、役員たちに人事評価制度の見直しを提案することにした。「短期的な業績成果は大事かもしれません。でも、より継続的に成果を出し続けるために、もう少し多面的に評価できる仕組みにすべきではないでしょうか」と主張した。

その必要性として、若手メンバーが定着しづらい現状や、優秀人財の確保が年々難しくなっている採用市場の厳しさも訴えたことで、役員の理解を得ることができた。

営業部との連携による評価項目の設計

人事評価制度の見直しは、主張した永島がプロジェクトリーダーとなって進めることとなった。全体の人件費、すなわち労働分配率は、経営上、大きく変えるわけにはいかない。そこで、評価項目と項目に応じた給与原資の分配方法を変更することにした。

永島は、営業部門のマネージャーを集め、当面の営業戦略と目標、それを達成するためのＫＰＩ、またどのような組織づくりが必要か、意見を述べてもらった。同時に、マネージャーに求められる役割についても、きちんと定義しなおした。

業績目標の達成は当然ながら、営業構造づくりや人財育成についても、評価されるべきとの意見が多かった。そうなることで、もう少し中長期的に必要な施策にも注力しやすくなるというのが理由だった。こうした意見をもとに、評価制度の大枠となる骨子を固め、具体的な項目を設計し、複数回の議論を繰り返し、細部まで固めていった。

マネージャーにおいては、業績給に加え、営業構造づくりや人財育成の実績をもとにグレードづけをする役割給を設けることとなった。

一方、営業メンバーは、チームの業績給に加え、KPIの達成度やチームへの貢献などを行動評価項目として設定し、評価することとなった。さらに、これらの新たな評価項目にもとづいた仮評価と、給与のシミュレーションを繰り替えしながら、約半年がかりで新しい人事評価制度が完成した。

長年社にいる営業部のメンバーなどからは、「どうして評価制度を変える必要があるのか」と不満を持つ者も当然いた。だが、「これでやりがいが出てきます」「多面的になったので、いろいろな面で評価してもらえる」という声も多く、「全体的には納得度の高い評価制度ができたのではないか」と、永島も満足することができた。

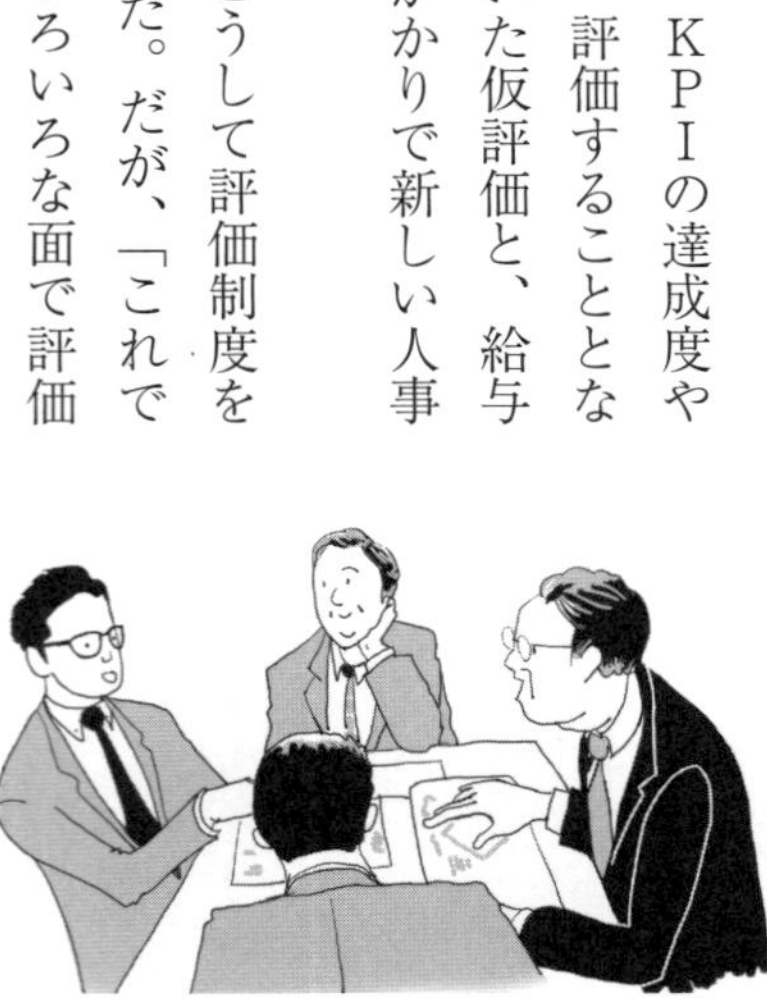

終わりに

大橋製造の変革においては、外部のコンサルティング会社にアドバイスを求めて改革へと踏み出し、現場の中に歓迎ムードを築くことができたこと、それに合わせて人事も行動に移したことが大きかった。ただし、このようなステップを踏む際には、大橋製造の事例を踏まえ、以下の三点が重要となる。

①リーダーシップの重要性

長らく日本の営業組織に根付いていたパワハラの文化は、昨今の若手人財を中心とした採用市場では、敬遠される要素の最たるものとなっている。しかも、今や企業風土すら既存社員や元社員らの口コミによって丸裸にされる時代ゆえ、どれだけ採用担当者が取り繕ってもパワハラを隠しきることはできない。

とはいえ、「イマドキの若手は……」などと嘆いているマネージャーたちに、ただパワハラを止めろというだけでは、何も解決しない。かえって「正しく叱れない文化」がはびこるだけで、マネジメント機能不全に陥ってしまう。大事なのは、部下や組織の問題解決をバックアップしながら、正しい戦略へと組織を導いていくリーダーシップである。そのためには、あるべきセールスステップを描き、そのステップ一つひとつの質を高めるための対策を指示することである。

②自ら考えさせる

①に関連して、ただ指示を出すだけでなく、自ら考えさせ、工夫させることも忘れてはならない。そうしなければ、「やらされている」というやらされ感が残り、行動が前向きにならない。ただ、この文化を組織に根付かせるには時間がかかる。トップダウン型、指示命令型の組織運営の方が、簡単かつスピードが速いからだ。

しかし環境変化の激しい現代においては、上層部にいる人間が必ずしも正しい判断、意思決定ができるわけではない。現場で動く一人ひとりが、考え、意見を出し、よりベターな解を導き出していかなければならない。

③「5つの成果」を組織の共通言語化する

業績一辺倒のマネジメントが部下を過度に追い詰めるパワハラにつながりやすいことは解説で触れた通りである。そうした組織風土の背景には、市場が右肩上がりだった時代、とにかく行動量を高めることで成果を上げてこられた成功体験があるのではないかと推察する。しかしこの大橋製造のように、成熟した市場で成果を上げようとしている組織の場合、旧態依然とした組織風土からいかに早く脱却できるかが、業績低迷状態から抜け出す上で重要なカギを握る。

成熟した市場で勝負するには、組織も成熟しなければならない。そのために必要なのが「5つの成果」の考え方であり、これが組織の共通言語として根付き企業文化となっている組織は、成熟市場においても成長を維持し続けられている。

「5つの成果」は、一つひとつの成果が〝連鎖して〟成果につながっていることが大事である。なぜなら、いかに「人財育成」や「仕組づくり」が進んだとしても、それが「業績」や「CIS（顧客感動満足）」「EIS（従業員感動満足）」につながっていなければ意味がないからだ。

一つひとつの成果を連鎖させるためには、一部門（営業部門）だけでその価値観を共有しても成果につなげることは難しいだろう。企業全体で共通の目標を持ち取り組んでこそ、強い連鎖と大きな成果につながるのである。したがって、この「5つの成果」の視点を組織全体の共通言語として浸透させることをお勧めしたい。

リブ・コンサルティングでは、この「5つの成果」の考え方を企業に浸透させ、クライアントを持続可能な成長へと導くことを使命として活動している。

8つの変革ストーリーを読み終えた皆さんの反応を予想してみたい。「え〜、このX番目のケースってうちの会社そっくりなんだけど……、それにこのY部長もうちの部長のことなんじゃないの」ではないだろうか。序章では「組織のコンテクストは千差万別で万能薬がない」といった内容を記載した。

しかし、業種も規模も一つとして同じものがないケースにおいて、いずれにも既視感があるから面白い。「フリーライダー増殖組織」も「低体温デジタル組織」も「ロスト・アイデンティティ組織」も「業績第一パワハラ組織」においてもその基本構造は同じである。そこには組織メカニズムの原理原則が存在していると言わざるを得ない。

そしてそれはいつの時代も形を変えながら繰り返していることによって、その会社のことを直接的に知らなくても想像力がおよぶのだろう。

システムやツールといったハードの進化とは裏腹に、人や組織の内面（ソフト）の課題はそれこそ何千年も前から同じところをぐるぐるまわっており、それがゆえに組織の悩みは尽きない。実際に組織の課題は解決された途端に、次の課題が降って湧いてくるというのは、人事に関わる皆さんの共通の感覚ではないかと思う。

弊社リブ・コンサルティングにおいてもまた新たな組織課題にぶち当たっている。序章を書き終えた頃には、一つの組織ストーリーが完結したように思っていたのだが、この終章の原稿を書いている今、次の章がすでに始まっていることを自覚せざるを得ない出来事が次々と舞い込んできている。

逆説的に考えるならば、その繰り返される課題のパターンを把握すれば、モンスター化する組織を食い止める一助になると考え、終章では8つのケースに共通する本質的な組織課題を「モンスター組織における三つの病」としてまとめることにする。

はじめの病は、「二元論の幻覚病」である。いずれのケースにおいても対立構造は存在しているのだが、本来はAさんとBさんのどちらが正しくてどちらが間違っているといった類いの対立構造ではない。本質的には置かれている立場や見ている時間軸、対処のアプローチ方法によって違いが起きているだけである。よくよく整理すれば分かることなのだが、人の性なのだろうか、内情はもっとドロドロしていることが多い。

組織課題の解決を難しくさせる理由の一つとして、被害者が加害者にも、加害者が被害者にもなることである。被害者のようにしている人が、実は組織を悪くしていたり、加害者だと思われる人が本当は被害者だったり、傍観者が加担していたり、被害を広げていたりする。そして犯人を見つけて、正義感を振りかざしたり、救世主面をしていたりすれば、いつか犯人扱いされる側にまわることが起きたりする。

○○派vs△△派とか、たしかにフラグをつければ整理はしやすいのかもしれないが、その二元論で見ているうちには実は組織の本質は見えてこない。これは企業だけの話だけではなく、コミュニティやサークルやクラスルームという、あらゆる組織にも言えることだろう。組織課題を二元論で単純化させて、対立構造が創作されることでモンスター組織は創り出される。

二つ目の病は、「武勇伝の陶酔病」である。いずれの事例も未来に向かって進んでいかなければならない緊迫した状況にもかかわらず、その一歩を踏み出す邪魔をしているのは顧客でも競合でもなく、実は自社（自己）の内面にあることが多い。組織は生き物のように刻一刻と変化している。

実際は外部環境からも内部環境からも変化を要求されているのだが、その変化を妨げるのは往々にして過去の成功体験や失敗体験である。自覚症状があればまだいいのだが、実際は無意識に過去の体験に縛られていることが多い。

どこの組織においても、多かれ少なかれ新旧の対立が起きるのもそのような事情からである。新しく入社した社員は過去のしがらみがないため未来志向で物事を考える一方、ベテラン社員は過去から踏襲してきた経験や伝統を重んじる傾向にある。賢い新参は「なぜ旧来のやり方を引きずっているのか」と訝《いぶか》しがり、稼ぐ古参は「そんなやり方で上手くいくはずがない」と背を向ける。何度も同じ武勇伝が繰り返される中で、組織の未来を創っていくことを期待された新参社員たちは、次第に重たい組織を諦めて外に出るか、中で静かに息を潜めることを選択するようになる。過去に縛られ、環境適応しないことでモンスター組織は増殖されていく。


三つ目の病は、「ゴシップ蔓延病」である。その場で当事者同士話し合えば、すぐに解決しそうな内容もケースの中には多く見受けられる。しかし、その場では本人への遠慮や気まずさから呑み込み、後になって周囲に相談したり、愚痴をこぼしたりすることを選んでしまう。

当初は仰々しくするつもりはなく、同僚との会話の潤滑油くらいのつもりだったのが、噂話として尾ひれがついて広がって、いつの間にか誤った情報による認知のひずみから対立軸ができあがることも少なくない。

同僚との会話で「~らしいよ」といった会話が増えてきた際には注意が必要である。人から人へと情報が流れ、もはや情報の発信元が誰か分からないままに一人歩きして制御不能になってくると、組織の信頼関係は大きく崩れる。誰がどこでどのような話をしているのかが信じられなくなり、人間不信になることもある。コミュニケーションを迂回させて、噂が一人歩きすることで、モンスター組織は肥大化していく。

さて、「モンスター組織における三つの病」は、あなたが所属している組織にあてはまるだろうか。程度の差こそあれ、思い当たる部分があるのではないだろうかと推察する。正直に申し上げて、弊社においても少なからずあてはまる部分がある。

だからこそ異なる事例に対してでも、ある種の親近感を得られるのだろう。組織が悪くなるメカニズムというのは共通する部分が多い。この事実を前向きに捉えるならば、全ての組織は変えられるということである。

「二元論の幻覚病」「武勇伝の陶酔病」「ゴシップ蔓延病」を乗り越えて、組織をモンスター化させない方法論は多々あるが、一つ挙げるのならば「柔軟でフラットな組織づくり」の構築だと考える。

組織を生き物にたとえるならば、「血流の良い組織」ということになり、血が行き届かず硬直化した組織と真逆の位置付けとなろう。

組織は硬直化すると、動脈硬化のように様々な病気を引き起こす。社内に政治が蔓延り、犯人捜しが始まり、批評家が増え、噂話が拡散する中で、内向きで消極的になっていく。組織の信頼関係が崩れ、社内の協力体制が築けないままに、どんどん環境から取り残されていく。

これまでそのような末期症状に陥っている数多《あまた》の組織を見てきたが、そのような企業群において、「負のスパイラル」の根本原因は、組織の硬直化によってもたらされていることが多い。「柔軟でフラットな組織づくり」が実現されることで、組織は全体観を捉えた上で環境適応され、多様性を内包しながらも平衡感覚を保ち、未来志向で建設的な組織づくりに向かっていく土壌が整っていく。近年、人事組織界隈《かいわい》でよく語られる「心理的安全性」というキーワードにも通じる部分である。

もちろん業態によって組織モデルは異なるので、全ての組織にあてはまるわけではないが、働き方改革や人材流動性の高まりにつれ、多くの組織において、これまで以上の組織柔軟性が求められるようになっている。

人事諸制度の改定や、HRテックの導入といったシステムやハード面の変化と比較すると、組織モデルや組織スタイルといった内面（ソフト面）の変容は時間がかかり、すぐに成果が期待できるようなものではない。

一方、組織の信頼関係が崩れている状態で、施策先行で解決を図ることは、穴が空いたバケツに水を注ぐようなものだ。もし、「組織の硬直化」の自覚症状があるのであれば、本書のいずれのケースにおいてもそうであったように、組織の内面課題から目を逸らすのではなく向き合うことを決めることが、課題解決の一丁目一番地である。

リブ・コンサルティングで実施している「柔軟でフラットな組織」を維持継続するための工夫についてご紹介したい。様々な取り組みを行っているが、特に成果が出ている三つのことをお伝えすると、「ライフウェーク」「全社員日報」「降格人事」である。

はじめに、ライフウェークは本書の44ページでもご紹介しているものだが、弊社はチームメンバー全員でライフウェークを活用して幼少期から現在までの人生を共有し、価値観や自身のルーツについて理解し合う機会を定期的に設けている。新入社員からベテランまで、上司や部下を問わず全員で共有することで、チーム内に相互尊重が生まれ、感情移入がしやすい土壌づくりへとつながっている。

またライフウェークで過去から現在までの人生を共有した後に、CDP（キャリア・ディベロップメント・プログラム）というシートを活用し、半年に一度、キャリア開発の目標を共有する場がある。短期および中長期でどのようなスキルや経験を積みたいのかを共有することで、互いに能力開発のサポートをし合う体制をつくっている。
この取り組みは新卒およびキャリア採用においても活用されており、入社前に相互のフィット感をしっかりと確認することで入社後のスムーズなオンボーディングを可能にしている。

次に、「全社員日報」については、全社員が日報アプリを活用し、日報を作成、閲覧できるようになっている。もちろん社長や経営陣も含め、全員の日報がオープンになっており、全社員間で「いいね」や「コメント」が飛び交っている。何を考えているかが分からないことで勝手に生じてしまう心理的な壁を「全社員日報」という自己開示とフィードバックの場によって壊している。

また弊社には一応役職があるものの、皮肉かジョーク以外では役職で呼ぶことはない。それも「全社員日報システム」によってコミュニケーションの心理的ハードルが下げられていることで成立している部分が大きい。メンバーがコンサルティングワークで外に出ていることが多い環境下で、それぞれの心理的な距離感がとても近いのは、日報システムによる貢献が大きい。

最後に、「降格人事」である。昇格人事はもちろん重要であるが、「柔軟でフラットな組織づくり」という観点では、降格人事がより重要だと考える。私は該当企業の組織システムが機能しているかを判断する際、成果が出なかったマネージャーが、ちゃんと降格させられているかどうかを確認している。

降格は本人にとっても上司にとっても気持ちがいいものではない。当人のモチベーションダウンだけでなく、退職のきっかけにもなるだろう。

一方、組織が一時的な感情や退職リスクを考慮して降格判断を適切に行わなければ、組織の代謝システムは次第に崩れていく。不要なポストを排除し、いびつな組織図を解消するためには、多少厳しくとも、基準に基づく公平なジャッジが必要である。

リブ・コンサルティングにももちろん昇降格基準があり、それにもとづいて半年に一度昇格者候補と降格者候補が抽出され、昇降格試験が実施される。毎半期のように降格者が出ているが、本人も納得の結果であることが多く、それがきっかけで奮起することはあっても、退職するケースはほとんどない。

むしろ組織が成長や挑戦を前提にしていることで、チャレンジの結果、一定レベルの降格者が発生することが組織の不文律になっている。結果的に、降格者は「半年後にリベンジします」といった前向きな挨拶になり、周囲がそのリベンジをサポートする文化が形成されている。

さて、そろそろ筆をおくことにしたい。

８つのリアルケースおよび弊社の取り組みは成功事例ではなく、研究事例である。全ての組織がそうであるように、高い目標を追いかける限り、組織の課題は尽きることがない。従って普遍的な成功事例も万能薬も存在しない。「良い状態」と「悪い状態」は表裏一体で絶妙なバランスの元に成り立っている。

だからこそ組織は面白いし、奥が深い。前向きに捉えるならば、どんなにどん底に思えるような組織でも必ず希望はある。私自身、奇跡のような組織の復活を何度も目の当たりにしてきたのだが、そのたびに組織や人の可能性を信じるようになり、使命感を強くしてきた。

この研究事例が組織変革の名医たちを増やし、組織の未来に光をもたらすきっかけになればこれ以上に嬉しいことはない。

２０１９年６月

株式会社リブ・コンサルティング 常務取締役兼ＣＨＲＯ 権田和士

株式会社リブ・コンサルティング

ベンチャー企業や中堅・中小企業向けを中心とした経営コンサルティングを展開。

「成果創出」にこだわり、経営戦略からマーケティング・セールス、組織開発まで幅広いテーマで事業の発展、組織の変革をご支援。

近年、海外への事業展開も積極的に行い、韓国、タイ、ベトナム、中国等でもコンサルティングを行っている。

代表・関厳による出版物『経営戦略としての紹介営業』(あさ出版)のほか、『アクセル－デジタル時代の営業 最強の教科書』(祥伝社)、『おもてなし幻想－デジタル時代の顧客満足と収益の関係』(実業之日本社)『隠れたキーマンを探せ！ データが解明した 最新B2B営業法』(同前)を監修し出版。

【監修】

権田 和士

Kazuhito Gonda

常務取締役 兼 CHRO　米国ミシガン大学にてMBAを取得
各種業界の経営戦略、マーケティング・セールス、組織開発のコンサルティングに従事。リブ・コンサルティング社内では、新規事業部門および人事部門の担当役員。2年前より自社の組織変革に取り組み、ハード面（制度・システム）とソフト面（企業文化・コミュニケーション）の両面で様々な施策を講じる。今年（2019年）になり、その成果が3つの形（リンクアンドモチベーション社による「ベストモチベーションカンパニーアワード」の受賞、GPTW社の「働きがいのある会社ランキング」でのベストカンパニー選出、openworkにおける業界トップ水準の評価獲得）として実ることに。また、リブ・コンサルティングのミッションである「100年後の世界を良くする会社を増やす」を実現するため、「志」「独自性」「社会性」「5つの成果の追求」に優れた企業との出合いを増やし支援すべく、書籍出版やイベントへの出演など広報活動にも積極的に携わる。近年は書籍、『アクセル』（祥伝社）、『おもてなし幻想』（実業之日本社）、『隠れたキーマンを探せ』（同前）の監修も担う。

【執筆担当】

大島 奈櫻子

Naoko Ooshima

Case02、Case08、および監修を担当
マーケティング企画室責任者
国際公認経営コンサルティング協議会認定マネジメント・コンサルタント
自社のマーケティング企画を担うとともに、経営戦略、新規事業開発、組織開発等のコンサルティングにも従事。

加藤 有

Yu Kato

Case01を担当
執行役員　早稲田大学ビジネス・ファイナンス研究センター Executive MBA Essence修了
各種業界の経営戦略、マーケティング・セールス、組織開発のコンサルティングに従事。リブ・コンサルティング社内では、経営管理部門および組織開発コンサルティング部門の担当役員。

新井 杏里

Anri Arai

Case03、Case06を担当
組織開発コンサルティンググループ　チーフコンサルタント
組織開発領域のスペシャリストとして、各種業界の人事戦略策定、人事評価制度構築、教育体系構築・研修プログラム開発、組織活性化等のコンサルティングに従事。クライアント企業の成長に貢献する傍ら、自社の人事評価制度の構築、運用にも携わっている。

小川 純市

Junichi Ogawa

Case05を担当
マーケティング・セールスコンサルティンググループ　チーフコンサルタント
国際経営コンサルティング協議会認定マネジメントコンサルタント
各種業界の経営戦略、マーケティング・セールス、組織開発のコンサルティングに従事。戦略の見直しから、選抜チームでのパイロット展開、全社への教育体制整備や組織変革まで、戦略〜実行フェーズを一貫して担っている。

常盤 明由子

Ayuko Tokiwa

Case07を担当
組織開発コンサルティンググループ チーフコンサルタント
人事評価制度構築、人財育成、採用戦略等のコンサルティングに従事。自社の人事部門スタッフを兼任し、コンサルタントの採用、育成、組織活性化も担う。

上原 藍

Ai Uehara

Case04を担当
マーケティング・セールスグループ　チーフコンサルタント
主にベンチャー企業、中堅・中小企業の新事業立上げ、マーケティング・セールス、組織開発のコンサルティングに従事。前職リクルート社で培った実践的な支援で成果を上げ、顧客から高い信頼を得ている。

カバーデザイン　斉藤よしのぶ
本文デザイン　梅津由紀子
イラスト　飛鳥馬俊介
DTP　株式会社三協美術
編集協力　河西　泰

モンスター組織《そしき》

～停滞《ていたい》・混沌《こんとん》・沈没《ちんぼつ》…8つの復活《ふっかつ》ストーリー～

2019年7月20日　初版第一刷発行
2019年7月25日　初版第二刷発行

著者　株式会社リブ・コンサルティング
監修者　権田和士《ごんだかずひと》
発行者　岩野裕一
発行所　株式会社実業之日本社
〒107-0062
東京都港区南青山5-4-30
CoSTUME NATIONAL Aoyama Complex 2F
電話 03-6809-0452（編集）　03-6809-0495（販売）
URL http://www.j-n.co.jp/

印刷・製本　大日本印刷株式会社

ISBN978-4-408-33861-3（ビジネス）